HERZLICHEN GLÜCKWUNSCH

Mit dem Kauf dieses Buches haben Sie sich für eine kohlenhydratärmere Ernährung entschieden. Das ist Ihr Einstieg in ein gesünderes und leichteres Leben. Sie werden damit Ihrem Gewichtsziel Woche für Woche näher kommen und gewinnen gleichzeitig mehr Vitalität und Lebensfreude. Zu diesem Entschluss gratulieren wir Ihnen ganz herzlich und danken für Ihr Vertrauen, diesen Weg mit invikoo zu gehen.

Invikoo steht für individuelles und vitales kochen online. Denn alle Rezepte aus unserer Datenbank beinhalten überwiegend natürliche und vitalstoffreiche Lebensmittel. So bekommt Ihr Körper während der Gewichtsabnahme Vitalstoffe satt und schaltet nicht in den Sparbetrieb.

Die kohlenhydratärmeren Rezepte in diesem Buch sind die beliebtesten, ausgewählt aus über 12.000 Rezepten unserer Datenbank. Sie sind arm an Kalorien und reich an Geschmack. Probieren Sie alle aus und bauen die Rezepte, die Ihnen besonders gut schmecken, regelmäßig in Ihren Speiseplan ein. Online können Sie z. B. all Ihre Lieblingsrezepte aus diesem Buch in Ihrer Merkliste abspeichern und haben noch viele weitere tolle Möglichkeiten. Am Ende des Buches informieren wir Sie ausführlicher über die Einrichtung Ihres persönlichen und kostenlosen Kontos auf **www.invikoo.de**.

Jedes Rezept in diesem Ernährungsplan liefert Ihnen zwischen 400 und 500 Kalorien. Sollte Ihnen das zu viel oder zu wenig sein, dann laden Sie sich einfach das passende E-Book mit dem Gutscheincode „**2ah46pz8**“ herunter. Diesen Ernährungsplan finden Sie nämlich in unserem Shop auf **www.invikoo.de** auch mit Rezepten im Bereich 300 - 400 Kalorien sowie 500 - 600 Kalorien. Natürlich können Sie sich auch für eine andere Ernährungsform wie z. B. Clean Eating, Vegetarisch, Vegan, Low Fat oder High Protein entscheiden und diese einmal ausprobieren. Ebenso können Sie sich in unserem Shop die 10 Bauchweg-Fitnessvideos mit dem Gutscheincode „**bv4fe56k**“ kostenlos bestellen.

Sie wollen direkt loslegen? Dann lesen Sie sich bitte die Anleitung für die Vitalfastentage und den Ernährungsplan durch, erstellen Ihre Einkaufsliste und dann geht's an die neuen leicht und lecker schmeckenden Rezepte. Dabei wünschen wir Ihnen viel Spaß und Erfolg!

ERKLÄRUNG LEGENDE

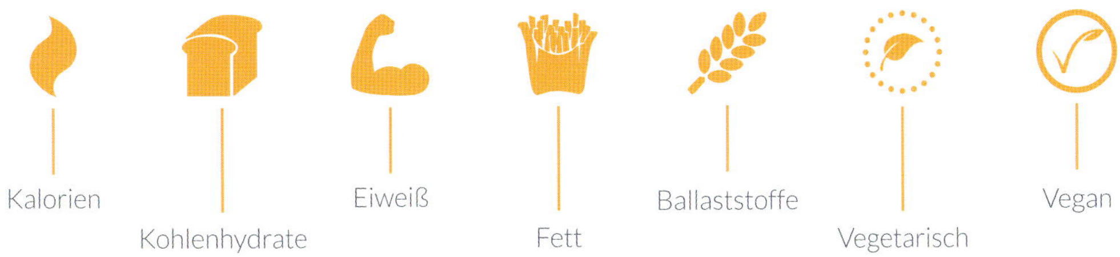

Ihr **START**

Ihr **TURBO**

Ihre **REZEPTE**

Ihre **EXTRAS**

1.
RICHTIG TRINKEN

Trinken Sie 2 bis 3 Liter Wasser am Tag. Sie reinigen damit Ihren Körper, versorgen ihn besser mit Nährstoffen und kurbeln Ihren Stoffwechsel an. Alkohol ist dagegen ein Gift. Er muss abgebaut werden und blockiert andere Stoffwechselprozesse wie zum Beispiel die Fettverbrennung. Darüber hinaus liefert 1 Gramm Alkohol 7 Kalorien und somit fast doppelt soviel wie 1 Gramm Zucker.

2.
NATÜRLICH & FRISCH

Wählen Sie bevorzugt natürliche Lebensmittel und meiden Sie stark verarbeitete Produkte. Je intensiver ein Nahrungsmittel verarbeitet ist, desto mehr Nähr- und Ballaststoffe werden zerstört. Beides ist aber für eine gute und lang anhaltende Sättigung wichtig. Verzichten Sie ebenfalls auf Zusätze wie Farb- und Konservierungsstoffe, Aromen und Geschmacksverstärker.

3.
OBST & GEMÜSE

Ob roh, gekocht oder als Smoothie. Auf Ihrem Speiseplan sollte alles landen, was Ihnen in der Gemüseabteilung ins Auge springt und gerade Saison hat. Vorzugsweise Bio. Alternativ dürfen Sie auch mal zur TK-Ware greifen.

4.
DIE RICHTIGEN KOHLENHYDRATE

Low Carb bedeutet nicht No Carb. Denn bei der Reduzierung der Kohlenhydrate kommt es auf die richtige Auswahl an. Erlaubt sind fast alle vollwertigen Kohlenhydrate. Die machen zufrieden und sättigen lang anhaltend. Auf Weißmehlprodukte, Zucker und Süßstoffe sollten Sie hingegen verzichten.

5.
DIE RICHTIGEN FETTE

Reduzieren Sie die tierischen zugunsten der pflanzlichen Fette und vermeiden Sie besonders die schädlichen Transfette. Bevorzugen Sie dagegen hochwertige Öle, Nüsse, Samen und Saaten und verzichten auf gehärtete Pflanzenfette in den Lebensmitteln.

6.
KRÄUTER & GEWÜRZE

Viele Menschen essen mehr Salz als nötig. Das führt zu Wassereinlagerungen, was sich schnell auf der Waage bemerkbar macht. Tauschen Sie daher etwas Salz zugunsten hochwertiger Kräuter und anderer Gewürze aus. Vor allem die klassischen Salzbomben wie Brot und Wurst- oder Käse sollten Sie reduzieren.

Die Low-Carb ERNÄHRUNGSFORM

Eines haben alle Low-Carb-Diäten gemeinsam: Der Kohlenhydratanteil wird zugunsten der Eiweiße und Fette reduziert und diese tragen zu einer langanhaltenden Sättigung bei. Das ist einer der Gründe, warum sich die Low Carb Ernährungsform für viele Menschen so gut zum Abnehmen eignet.

Kohlenhydratreiche Lebensmittel liefern uns bessere oder schlechtere Kohlenhydrate. Zu den schlechteren gehören die Weißmehlprodukte, Zucker und der weiße Reis. Diese sollten Sie meiden. Bevorzugen Sie dagegen die vollwertigen und möglichst unverarbeiteten Kohlenhydrate. Mit unserer empfohlenen Low Carb Ernährung decken Sie maximal 30 % Ihrer täglichen Nahrungsenergie durch Kohlenhydrate. Denn nicht nur die schlechteren Kohlenhydrate blockieren Ihren Abnehmerfolg. Auch wenn Sie insgesamt zu viele davon aufnehmen, wird das Abnehmen schwieriger. Weißmehlprodukte enthalten z. B. kaum noch Ballaststoffe. Dadurch sättigen Sie nicht so gut und führen schnell wieder zu Appetit und Heißhunger.

Ernährungsexperten stellen sogar eine Verbindung zwischen hohem Zuckerkonsum und Übergewicht sowie der Diabetes Typ 2-Erkrankung her. So ist der Zuckerverbrauch pro Jahr von 0,5 kg im Jahre 1789, bis heute auf ca. 35 kg pro Person angestiegen. Er hat sich somit um das 70-fache erhöht! Und dabei empfiehlt die WHO unter 10 Kilogramm pro Jahr zu bleiben. Hinzu kommt, dass der Zucker ein Paradebeispiel für leere Kalorien ist. Er liefert viele Kalorien und nur wenige Vitalstoffe. Das führt zu Schlappheit und Antriebslosigkeit, begünstigt den Fettaufbau und erhöht das Risiko für Herz-Kreislauf-Erkrankungen, dem metabolischen Syndrom sowie Diabetes.

Unser Körper verbraucht durch Regenerationsvorgänge, Aktivitäten des Immunsystems und weitere Stoffwechselprozesse zwischen 50 und 100 Gramm Eiweiß täglich. Wird zusätzlich Sport oder Kraftsport betrieben, erhöht sich der Bedarf noch einmal. Daher ist Eiweiß ein unverzichtbarer Nährstoff und sollte in jeder Hauptmahlzeit enthalten sein. Nehmen wir nicht täglich mindestens die verbrauchte Menge an Eiweiß auf, wie das z. B. bei Hungerkuren der Fall ist, zehrt sich unser Körper auf und wir verlieren wertvolle Körpersubstanz: unsere Muskulatur. Das ist der Hauptgrund für den Jo-Jo-Effekt. Daher tun Sie gut daran, sich mit einer ausreichenden Eiweißversorgung davor zu schützten.

Es gibt aber noch weitere Gründe, warum Sie mit mehr Eiweiß in der Nahrung besser abnehmen. So wird z. B. auch Ihr Stoffwechsel aktiver und verbrennt mehr Kalorien. Deswegen ist die Low Carb Ernährungsform nicht nur zum Abnehmen sehr beliebt. Auch bei Sportlern und figurbewussten Menschen findet diese Ernährungsform großen Anklang.

Da die Kohlenhydrate in der Low Carb Ernährung reduziert werden, ist der Fettanteil etwas erhöht. Das ist kein Widerspruch beim Abnehmen, denn aufgrund der längeren Sättigung gelingt es trotzdem. Damit die Low Carb Ernährung für Sie aber gesund bleibt, müssen Sie auf die Auswahl der richtigen Fette achten. Der pflanzliche Fettanteil sollte nämlich mit mindestens 60 Prozent überwiegen. Ansonsten kann die Low-Carb-Ernährung die Blutfettwerte ungünstig beeinflussen und das Risiko für Herz-Kreislauf-Erkrankungen erhöhen. Aber keine Sorge: In diesem Buch haben wir auf einen hohen Anteil pflanzlicher Fette geachtet, damit Sie gesund Abnehmen.

Die Low-Carb-Diäten haben schon einiges an negativer Kritik erhalten. Das betrifft aber eher die extremen Diäten wie die sogenannte ketogene Diät oder die „No Carb“-Diät. Diese reduzieren den Kohlenhydratanteil drastisch und beinhalten häufig einen zu hohen Anteil tierischer Fette. Überwiegt dagegen der pflanzliche Fettanteil deutlich, kann dies sogar förderlich für Ihre Gesundheit sein. Bei unserer moderaten Low Carb Ernährungsform ist das der Fall. Deswegen sind Sie mit den Rezepten in diesem Buch auf der sicheren Seite.

Durch den höheren Eiweißkonsum entsteht mehr Stickstoff als Stoffwechselendprodukt, das über die Nieren ausgeschieden wird. Daher müssen Sie gerade bei einer Low Carb Ernährung ausreichend Trinken. Ihre Nieren arbeiten dann besser und Sie schützen sie vor einer Überlastung. Laut der Deutschen Gesellschaft für Ernährung ist ein Eiweißkonsum bis zu 2 Gramm Eiweiß pro Kilogramm Körpergewicht bei gesunden Menschen unbedenklich. Diesen Wert überschreiten Sie mit unserer moderaten Low Carb Form nicht. Sollten Sie aber z. B. eine Nierenerkrankung haben, dann ist Vorsicht geboten. In diesem Fall sollten Sie mit Ihrem Arzt abklären, ob Low Carb für Sie geeignet ist.

Tipps für Ihren

FLÜSSIGKEITSHAUSHALT

Vielen Menschen fällt es schwer, täglich ihre gerechte Flüssigkeitsmenge aufzunehmen. Viele mögen kein Wasser, trinken deswegen hochkalorische Getränke und nehmen so, neben der festen Nahrung, zusätzlich viele Kalorien zu sich. Dabei gibt es eine leckere und einfache Alternative. Um Kalorien zu sparen, sich vitaler und wacher zu fühlen, kann man Wasser mit Obst- und Gemüsesorten sowie frischen Kräutern aufwerten. Zusätzliche Vitamine und Mineralstoffe warten auf Sie.

Dieses "Infused Water" ist nicht nur ein farbenfroher Hingucker, auch geschmacklich ist für jeden Gaumen etwas dabei. Für die Zubereitung Gemüse und Obst gründlich waschen und klein schneiden. Eine Karaffe vorbereiten, die Zutaten mit kaltem Wasser aufgießen und kühl stellen. Am besten eignet sich stilles Wasser, jedoch nach Vorliebe kann auch Mineralwasser gewählt werden. Das Infused Water einige Stunden oder über Nacht ziehen lassen, so dass sich die vielfältigen Aromen entfalten können.

Drei unterschiedliche Kombinationen haben wir für Sie kreiert:

BLUTORANGE & ROSMARIN

Der Ausgefallene

ZUTATEN

1 Liter Wasser
0,5 Blutorange
2 Rosmarinstangen

ZUBEREITUNG

Rosmarin und Blutorange gründlich waschen. Die Frucht in würfel schneiden und zusammen mit den Rosmarinstangen in eine Karaffe geben. Mit Wasser auffüllen und kaltstellen.

ORANGE & GURKE
Der Klassiker

ZUTATEN

1 Liter Wasser
0,5 Zitrone
0,25 Gurke

ZUBEREITUNG

Zitrone und Gurke gründlich waschen, in Scheiben schneiden und in eine Karaffe füllen. Mit Wasser auffüllen und kaltstellen.

ZITRUS & MINZE
Der Exotische

ZUTATEN

1 Liter Wasser
0,5 Limetten
0,3 Ananas
6 Minzblätter

ZUBEREITUNG

Limette heiß abwaschen und in Scheiben schneiden. Strunk und Schale der Ananas gründlich entfernen, das Fruchtfleisch würfeln. Minze putzen und mit dem Obst in eine Karaffe geben. Mit Wasser auffüllen und kaltstellen.

Schnelle Erfolge

DAS VITALFASTEN

Bevor Sie mit Ihrem Ernährungsplan starten, empfehlen wir Ihnen zu Beginn drei Vitalfastentage. Damit kommen Sie direkt am Anfang in den Genuss vieler Vorteile. So nehmen die meisten Teilnehmer innerhalb dieser Tage schon ein, zwei oder sogar drei Pfund ab. Aber es gibt noch viele weitere Vorteile, warum Sie mit dieser Einstiegsphase beginnen sollten.

DAS VITALFASTEN - IHR TURBO FÜR DEN STOFFWECHSEL

Nur mit der richtigen Menge an Vitalstoffen läuft Ihr Stoffwechsel wieder auf Hochtouren. Dafür empfehlen wir Ihnen anstatt der aktuell durchschnittlichen 350 g Obst und Gemüse, zukünftig 600-800 g am Tag zu essen. Denn fast alle Menschen in Deutschland leiden an einem Mangel bestimmter Vitalstoffe, obwohl wir im Überfluss leben. Das liegt nicht nur daran, dass wir zu wenig Obst und Gemüse essen. Unsere Böden sind ausgelaugt, die Lebensmittel werden zu lange gelagert, zu stark verarbeitet und erhitzt, bis sie vitalstoffarm sind.

Fast niemand erhält heute die Menge an Mikronährstoffen aus der Nahrung, die der Steinzeitmensch aus frischen, nicht gelagerten, nicht raffinierten und nicht gekochten Lebensmitteln zu sich nahm. Im Vergleich zum Steinzeitmenschen nehmen wir mit 2.000 Kalorien nur noch ein Drittel der Vitamine zu uns. Deswegen bekommen Sie an den Vitaltagen reichlich Obst und Gemüse. Die eine Hälfte roh und die andere Hälfte gegart oder in Suppen zubereitet. Bringen Sie also mit dem Vitalfasten Ihren Stoffwechsel wieder auf Hochtouren.

Ebenso stellen Sie mit diesen Tagen Ihren Körper auf Fettverbrennung um. Durch die Reduzierung der Kohlenhydrate stoppen Sie das ständige Auf und Ab des Blutzuckerspiegels und aktivieren Ihren „Fatburner-Turbo". Das ist das Ziel. Deswegen empfehlen wir Ihnen das Vitalfasten in jedem Fall. Sie haben damit tolle Einstiegserfolge, die motivieren weiter zu machen. Sie werden aber noch mehr erleben. Durch die begradigte Blutzuckerkurve werden Sie sich den ganzen Tag über viel aktiver fühlen und das klassische Nachmittagstief bleibt aus. Ihr Körper wird nicht mehr so belastet und wahrscheinlich schlafen Sie auch besser. Auf jeden Fall wird in diesen Tagen Ihr Wohlbefinden steigen, da Ihr Körper Vitalstoffe satt bekommt.

WICHTIG - IHRE VORBEREITUNGEN AUF DAS VITALFASTEN

Nehmen Sie sich für das Vitalfasten Zeit und planen es. Das fängt schon beim Einkaufen an. Kaufen Sie nur die benötigten Lebensmittel und brauchen die alten auf oder verschenken sie. Erstellen Sie sich aus den Rezepten eine Einkaufsliste und kaufen auch nur diese Lebensmittel ein. Bereiten Sie gleich mehrere Portionen zu, sodass Sie die Rezepte auch öfter essen können.

Es ist wichtig, dass Sie die 3 Vitaltage konsequent durchziehen. Das ist für Ihren Stoffwechselturbo und die Fettverbrennung von enormer Bedeutung.

Wenn Ihnen die Vitalfastentage schwer fallen, dann starten Sie nach den ersten 3 Tagen mit Ihrem Ernährungsplan. Wenn Ihnen das Vitalfasten gut tut, dann hängen Sie noch ein paar Tage dran. Aber übertreiben Sie es nicht. Spätestens nach 7 Tagen sollte Schluss sein. Wiederholen Sie es dann lieber zu einem späteren Zeitpunkt. Diese Tage eigenen sich auch sehr gut als Ausgleichstage nach Festen wie Weihnachten, Ostern oder nach Urlauben. Damit werden Sie ganz schnell die angesammelten Kilos wieder los.

Suchen Sie sich aus den Rezepten für das Vitalfasten Ihre Mahlzeiten für das Frühstück, Mittag- und Abendessen aus und essen sich an diesen drei Mahlzeiten satt. Wenn eine Portion nicht ausreicht, nehmen Sie noch einen Nachschlag. Wichtig ist, dass Sie bis zur nächsten Mahlzeit (nach ca. 4-5 Stunden) nicht lange Hungern. Essen Sie auch nichts zwischendurch, da dies Ihre Fettverbrennung blockiert.

Je nachdem, wie Sie sich vorher ernährt haben, kann diese Einstiegsphase eine Umstellung für Ihren Stoffwechsel bedeuten. Es könnte öfter mal im Magen rumoren oder zu Blähungen kommen. Lassen Sie sich dadurch nicht beirren, sondern trinken einen Fencheltee. Das hilft und beruhigt den Magen. Auch kann es die ersten Tage sein, dass Sie öfter Wasser lassen müssen. Das ist ebenfalls normal, da Sie sich mit dieser pflanzlichen Kost sehr mineralstoffreich ernähren und entwässern. Ebenso kann der Stuhlgang für ein paar Tage ausbleiben, was auch kein Grund zur Besorgnis ist. In diesen Tagen produziert Ihr Körper einfach nicht so viel Stoffwechselmüll, der entsorgt werden muss.

Ihre **REZEPTE**

Zünden Sie Ihre Fettverbrennung und Ihren Stoffwechsel mit dem Vitalfasten und essen sich nach Lust und Laune an diesen vitalen Rezepten satt. Es lohnt sich in jedem Fall!

330 kcal	30 %	42 %	28 %	3 g

Erdbeerjoghurt mit Pistazien

Zubereitung

1. Die Erdbeeren entstielen und die Hälfte der Erdbeeren mit den Minzblättern (ein paar für die Garnitur aufheben) im Mixer oder mit dem Zauberstab fein pürieren. Anschließend in eine Schüssel geben.

2. Den Joghurt, Orangensaft und Quark hinzufügen, nach Belieben mit Zimt würzen und alles gut durchmixen.

3. Die andere Hälfte der Erdbeeren in Stücke schneiden und mit den gehackten Pistazien auf dem Joghurt verteilen. Den fertigen Joghurt dann mit frischer Minze garniert servieren.

Zutaten

150 g Erdbeeren
100 g Joghurt, 3,5 % Fett
200 g Magerquark
3 EL Orangensaft
10 g Pistazien

Gewürze & Garnitur

Zimt
6 Minzblätter

Pistazien sind kleine Proteinbomben! Auf 100 Gramm...
...enthalten sie 20 Gramm pflanzliches Eiweiß und unterstützen die Bildung und den Erhalt der Muskulatur.

325 kcal	30 %	37 %	33 %	4 g

Mandarinen-Sahne-Joghurt

Zubereitung

1. Den Joghurt mit der sauren Sahne, dem Mandelmus, Orangen- und Limettensaft sowie dem Magerquark in eine Schüssel geben und gut verrühren. Nach Geschmack mit Zimt verfeinern.
2. Die Mandarinen schälen, unter den Sahnejoghurt heben und den fertigen Joghurt servieren.

Zutaten

2 Mandarinen
100 g Joghurt, 3,5 % Fett
50 g saure Sahne, 10 % Fett
150 g Magerquark
2 EL Orangensaft
1 EL Limettensaft
1 TL Mandelmus

Gewürze

Zimt

Mandarinen liefern nicht nur Vitamin C, sie enthalten...
...auch viel von dem Provitamin A. Das wird in unserem Körper zu Vitamin A umgewandelt, das entscheidend für den Sehvorgang und das Zellwachstum ist.

378 kcal	30 %	35 %	35 %	11 g

Chiasamen-Kokosnuss Creme

Zubereitung

1. Die Chiasamen mit dem Kokosmehl und der Kokosmilch in einer Schüssel verrühren und 10 Minuten quellen lassen.
2. Die Banane zerdrücken und zusammen mit dem Limettensaft, Quark, Joghurt und den Kokosraspel unter die Creme rühren.
3. Die fertige Creme servieren.

Zutaten

20 g Chiasamen
100 g Joghurt, 3,5 % Fett
200 ml Kokosmilch, ungesüßt
100 g Magerquark
0,5 Banane
1 EL Kokosmehl, entölt
1 TL Kokosraspeln
1 EL Limettensaft

Kokosmilch wird aus dem reifen Fleisch der Kokosnuss...
...hergestellt. Dafür wird es kleingerieben, mit Wasser fein püriert und im Anschluss gefiltert. Kokosmilch ist cholesterinfrei.

349 kcal | 28 % | 29 % | 43 % | 7 g

Kürbissuppe mit Feta und Chili

Zubereitung

1. Den Feta in kleine Würfel schneiden, die Kürbiskerne hacken und beides zusammen vermischen. Nach Geschmack mit Zitronensaft, Salz, Pfeffer und Thymian würzen und ziehen lassen.

2. Den Kürbis entkernen und grob würfeln. Die Chili ebenfalls entkernen und in Ringe schneiden. Einige Chiliringe zum Garnieren beiseite legen.

3. Die Zwiebel und Knoblauchzehe abziehen und klein schneiden.

4. In einem Topf 3 EL der Brühe erhitzen und das vorbereitete Gemüse 3 Minuten andünsten. Dann die restliche Brühe, das Kürbiskernöl und den Orangensaft hinzufügen und die Suppe 10-12 Minuten köcheln lassen. Nach Belieben mit Salz, Pfeffer und Muskat abschmecken und dann pürieren.

5. Die Suppe mit dem zubereiteten Feta bestreuen und mit den Chiliringen und Pfefferkörnern garniert servieren.

Zutaten

450 ml Gemüsebrühe
250 g Kürbis
100 g Feta, 9 % Fett
30 ml Orangensaft
0,5 Knoblauchzehe
0,5 Zwiebel
1 TL Kürbiskernöl
1 TL Kürbiskerne
0,5 Chilischote, mild

Gewürze

Salz
Pfeffer
Thymian
Pfefferkörner
Muskat
Zitronensaft

345 kcal	30 %	31 %	39 %	10 g

Blumenkohlsuppe mit Porree und Schnittlauch

Zubereitung

1. Die Röschen vom Blumenkohl lösen und waschen.
2. Die Schalotte schälen und würfeln. Den Porree in Ringe schneiden.
3. Das Öl in einem Topf erhitzen und die Schalottenwürfel mit den Porreeringen 3 Minuten dünsten.
4. Mit der Gemüsebrühe und der Milch ablöschen, den Blumenkohl und Schmelzkäse hinzufügen und 10 Minuten bei mittlerer Hitze köcheln lassen, bis die gewünschte Bissfestigkeit erreicht ist.
5. Die Suppe grob pürieren, sodass noch Stücke erhalten bleiben.
6. Nach Geschmack mit Salz und Pfeffer würzen und servieren.

Zutaten

300 g Blumenkohl
350 ml Gemüsebrühe
100 g Porree
100 ml Milch, 1,5 % Fett
75 g Schmelzkäse, 9 % Fett
1 Schalotte
1 TL Erdnussöl
1 EL Schnittlauch, gehackt

Gewürze

Salz
Pfeffer

Suppen to go? Ganz einfach: die Suppe füllt man in eine...
...Thermoskanne. Dies ist nicht nur ein praktischer Behälter zum Mitnehmen, so bleibt die Suppe auch länger warm!

373 kcal | 30 % | 24 % | 46 % | 8 g

Gemüsesuppe mit Porree und Ei

Zubereitung

1. Die Eier hart kochen, pellen und halbieren.
2. Die Porreestange klein schneiden. Den Knoblauch abziehen und klein würfeln.
3. Die Möhre, Pastinake und den Sellerie schälen und in Stücke schneiden.
4. Das Öl in einem Topf erhitzen und die Knoblauchwürfel und die Hälfte der Porreestücke 3 Minuten dünsten. Die Möhren-, Sellerie- und Pastinakenstücke, das Lorbeerblatt, die Gemüsebrühe und den Essig hinzufügen und ca. 20 Minuten köcheln. Nach 10 Minuten die restlichen Porreestücke dazu geben.
5. Die Suppe mit Salz, Pfeffer und Piment abschmecken und mit den Eiern servieren.

Zutaten

400 ml Gemüsebrühe
2 Eier
1 Porreestange
1 Möhre
1 Pastinake
50 g Sellerie
0,5 Knoblauchzehe
1 TL Öl
1 TL Weißweinessig
1 Lorbeerblatt

Gewürze

Salz
Pfeffer
Piment

Sellerie wirkt wie ein natürliches Reinigungsmittel. Es...
...spült Giftstoffe aus, beinhaltet reichlich Antioxidantien und ist daher im Kampf gegen die Ausbreitung von Krebszellen im Körper aktiv.

340 kcal | 23 % | 33 % | 44 % | 4 g

Radieschen-Salat mit Gurke und Feta

Zubereitung

1. Den Salat klein zupfen. Die Radieschen in dünne Scheiben schneiden.

2. Die Gurke in Scheiben schneiden und die Frühlingszwiebel klein schneiden.

3. Die Chilischote aufschneiden, entkernen und klein schneiden.

4. Den Feta in Würfel schneiden.

5. Das Öl mit dem Balsamico, Orangensaft, Honig, der Petersilie und den Chilischotenstücken in einer Schale verrühren und nach Geschmack mit Salz und Pfeffer würzen.

6. Das Gemüse mit dem Salat und dem Feta zusammen anrichten, mit dem Dressing begießen und servieren.

Zutaten

80 g Salat, nach Wahl
125 g Feta, 9 % Fett
5 Radieschen
0,5 Gurke
1 Frühlingszwiebel
1 TL Öl
1 EL Balsamico, hell
0,5 TL Honig
2 EL Orangensaft
0,5 Chilischote, mild
1 EL Petersilie, gehackt

Gewürze

Salz
Pfeffer

Wie Sie Radieschen am Besten aufbewahren: Um den...
...Wasserverlust der Radieschen zu verhindern, sollten die Blätter abgedreht werden. So bleiben sie länger frisch und knackig.

 391 kcal 27 % 26 % 47 % 11 g

Salat mit Blattspinat, Möhre, Erbsen und Ei

Zubereitung

1. Den Lollo Rosso waschen, trocknen und klein zupfen. Die Tomaten vierteln.
2. Die Schalotte abziehen und in Würfel schneiden. Die Möhre in feine Streifen raspeln.
3. Die Gurke vierteln und dann in Stücke schneiden.
4. Die Erbsen abspülen und abtropfen lassen
5. Die Eier pellen und in kleine Stücke schneiden.
6. Den Weißweinessig zusammen mit dem Orangensaft, Senf, Olivenöl und Thymian in einer Schale verrühren und mit Salz und Pfeffer abschmecken.
7. Schichtweise das Gemüse in ein Glas füllen oder auf einem Teller anrichten, das Dressing darüber gießen und servieren.

Zutaten

60 g Blattspinat
60 g Lollo Rosso
2 Eier, hart gekocht
80 g Erbsen, Dose
0,25 Gurke
2 Tomaten
1 Möhre
1 Schalotte

Dressing

2 EL Weißweinessig
0,5 TL Senf, körnig
1 TL Olivenöl
2 EL Orangensaft
0,5 TL Thymian
Salz & Pfeffer

Bereits die Ägypter, Griechen und Römer kannten Senf als...
...Würzpulver. Es wurde auch zum Konservieren von Lebensmitteln verwendet.

Praktische ANLEITUNG

Bevor es nun weiter geht, hier noch ein paar wichtige Tipps. Sollten Sie z. B. nach einer Mahlzeit mal nicht satt geworden sein, dann essen Sie einfach etwas mehr davon. Das ist besser, als zwischendurch etwas ungesundes und hochkalorisches zu essen. Denn das Prinzip der drei Mahlzeiten, ohne ständiges „zwischendurch essen", ist wichtig für Ihren Erfolg. Wenn Sie satt sind bevor Sie aufgegessen haben, dann heben Sie den Rest einfach für später auf. Wichtig ist, dass Sie nach den Mahlzeiten ein gutes Sättigungsgefühl haben.

Sie müssen die folgenden Rezepte nicht in der angegebenen Reihenfolge kochen. Morgens starten Sie mit einem guten Frühstück und nehmen nach 4 bis 5 Stunden die nächste Mahlzeit ein. In den Rezepten können Sie einzelne Lebensmittel austauschen. Bekommen Sie z. B. saisonale Obst- und Gemüsesorten nicht, dann nehmen Sie ein anderes oder Tiefkühlkost. Aber bitte nicht mit Extra-Zucker oder Butter! Lesen Sie sich die Inhaltsangaben auf den Verpackungen gut durch.

Die Rezepte für morgens, mittags und abends können Sie ebenfalls untereinander tauschen. Um Zeit zu sparen, können Sie gleich mehrere Portionen zubereiten und diese mitnehmen oder für später einfrieren. Nach dem Auswählen der Rezepte erstellen Sie sich wie beim Vitalfasten eine persönliche Einkaufsliste für die Woche oder die nächsten Tage und kaufen auch nur das ein. Andere oder angebrochene Lebensmittel, die nicht auf Ihrem Speiseplan stehen, sollten Sie vorher aufbrauchen oder verschenken.

Täglich sollten Sie 2-3 Liter kalorienarme Flüssigkeit trinken. Das ist wichtig für Ihren Abnehmerfolg und Ihre Gesundheit. Ihre Nieren werden gut gespült, die Fließfähigkeit des Blutes verbessert sich, Sie sind konzentrierter, beugen Verstopfungen vor und Ihre Haut bleibt straff und elastisch. Pro Liter Wasser, den Sie trinken, verbraucht Ihr Stoffwechsel bis zu 100 Kalorien! Bei 3 Litern am Tag haben Sie also schon bis zu 300 Kalorien verbrannt. Um diese gleiche Menge beim Sport zu verbrennen, müssten Sie ca. 30 Minuten Joggen. Trinken Sie sich also schlank. Trinken Sie immer wenn Sie Hunger haben und vor allem vor dem Essen und Ihrer Sporteinheit. Flüssigkeit füllt den Magen und Sie fühlen sich schneller satt. Besonders geeignet dazu ist Wasser mit Kohlensäure, da die Gase die Dehnungsrezeptoren im Magen-Darm-Trakt besser anregen. Trinken Sie also möglichst jede Stunde ein Glas Wasser und fangen gleich nach dem Aufwachen damit an.

REZEPTE ZUM FRÜHSTÜCK, MITTAG- UND ABENDESSEN

Wer morgens wenig Zeit oder Appetit hat, sollte sich bereits einen Abend zuvor vorbereiten: Müslis, Joghurts, Shakes und viele weitere Rezepte benötigen wenig Aufwand und lassen sich ideal im Kühlschrank lagern, mitnehmen oder unterwegs verzehren.

Fangen Sie auch schon morgens an zu trinken. Wasser, Kräuter- oder Früchtetees eignen sich hierfür ideal. Ein bis zwei Tassen Kaffee sind als Wachmacher in Ordnung, doch sollten die Getränke nicht gesüßt werden.

Die meisten Mittagsrezepte sind zum Mitnehmen geeignet. Viele Büros bieten eine Mikrowelle und einen Kühlschrank. Vorgekochte Mahlzeiten können so kühl gelagert und aufgewärmt werden. Suppen sind einfach und schnell zubereitet. Sie eignen sich sehr gut zum Vorkochen und können dann portionsweise eingefroren werden. Zum Mitnehmen füllt man heiße Suppen in eine Thermoskanne und kann sie warm genießen. Salat Rezepte sind ebenfalls ideale Begleiter für die Arbeit, die Schule oder unterwegs. Wenn es sich um einen grünen Salat handelt, dann einfach das Dressing und den Salat separat transportieren und kurz vor dem Servieren miteinander vermengen. So bleibt der Salat frisch. Einige Salate schmecken sogar besser, wenn man sie etwas durchziehen lässt. Wer es gerne süß zum Mittag mag, kann Joghurt, Quark und Obst mitnehmen. Das Müsli oder die Haferflocken dabei separat aufbewahren. So bleibt es knusprig und frisch.

Idealerweise sollten Sie das Abendessen mindestens zwei oder drei Stunden vor dem Schlafen gehen zu sich nehmen. So geben Sie Ihrem Körper noch ausreichend Gelegenheit zur Verdauung, schlafen besser und blockieren nicht Ihre Fettverbrennung. Aufgepasst beim Alkohol am Abend. Dieser hemmt die Fettverbrennung. Die Leber kümmert sich erst einmal um den Abbau des Alkohols und schützt uns so vor einer Alkoholvergiftung. Hinzu kommt der hohe Kaloriengehalt mit 7,1 kcal/g und der zusätzliche Appetit, der uns einholt. Aus diesem Grund sollte Alkohol in der Abnehmphase gar nicht genossen werden. Wer gerne vor dem Fernseher Salzstangen und Chips knabbert, kann diese durch Gemüsesticks mit Quarkdip ersetzen. Eine gesunde Alternative, um Kalorien zu sparen und Transfette zu meiden.

Ihr neues

FRÜHSTÜCK

Ihre **REZEPTE**

Wer jeden Morgen frühstückt, wiegt im Durchschnitt weniger. Starten Sie daher schon morgens mit genügend Vitalstoffen in den Tag oder nehmen Sie sich ein tolles Frühstück mit. Guten Appetit!

Eiweißbrot mit Avocado und Quark

Zubereitung

1. Das Brot nach Belieben knusprig toasten.
2. Die Avocado halbieren, entkernen, das Fruchtfleisch mit einem Löffel heraus heben und die angegebene Menge in Scheiben schneiden.
3. Die Schalotte abziehen und klein würfeln.
4. Die Gurke halbieren und entkernen. Die Gurke und Radieschen grob raspeln. Dann mit den Schalottenwürfel zum Quark geben und nach Belieben mit Salz, Pfeffer, Chiliflocken und Zitronensaft würzen.
5. Das Brot mit etwas Quark bestreichen und mit den Avocadoscheiben belegen. Den restlichen Quark mit den Tomaten dazu servieren.

Zutaten

80 g Eiweißbrot
30 g Avocado
200 g Magerquark
0,25 Gurke
8 Kirschtomaten
6 Radieschen
0,5 Schalotte
1 EL Zitronensaft

Gewürze

Salz
Pfeffer
Chiliflocken

Um eine aufgeschnittene Avocadohälfte frisch zu halten...
...lagert man sie mit einem Zwiebelstück in einer Frischhaltedose im Kühlschrank. Die Schwefelverbindungen der Zwiebel verhindern, dass das Fruchtfleisch braun wird.

474 kcal | 23 % | 40 % | 37 % | 16 g

FRÜHSTÜCK | BIS 5 MINUTEN

Thunfisch-Eiweißbrot mit Paprika und Tomate

Zubereitung

1. Den Thunfisch in ein Sieb geben und die Flüssigkeit heraus drücken. Diesen dann mit dem Frischkäse und Zitronensaft vermengen und nach Geschmack mit Salz und Pfeffer würzen.

2. Die Tomate in Scheiben und die Paprika in Ringe schneiden.

3. Die untere Brotscheibe mit den Salatblättern, ein paar Tomatenscheiben sowie Paprikaringen und der Thunfischcreme belegen und mit der anderen Brothälfte zusammen klappen.

4. Das fertige Brot mit der restlichen Thunfischcreme als Dip mit dem Gemüse servieren.

Zutaten

100 g Eiweißbrot
100 g Thunfisch, im Eigensaft
60 g Frischkäse, 5 % Fett
1 Tomate
0,5 Paprika, gelb
Salatblätter, nach Wahl
1 EL Zitronensaft

Gewürze

Salz
Pfeffer

Das Eiweißbrot kommt fast ohne Kohlenhydrate aus. Wer...
...am Abend auf Kohlenhydrate verzichten und trotzdem Brot essen möchte, könnte in dem Eiweißbrot eine Alternative finden.

463 kcal | 23 % | 46 % | 31 % | 18 g

FRÜHSTÜCK | BIS 5 MINUTEN

Eiweiß-Toastbrötchen mit Schinken und Gurkenscheiben

Zubereitung

1. Das Brötchen halbieren, nach Belieben toasten und mit dem Kräuterquark bestreichen.
2. Die Tomate und Gurke in Scheiben schneiden.
3. Eine Brötchenhälfte mit dem Schinken und einem Teil der Tomaten- und Gurkenscheiben belegen und nach Geschmack mit Salz und Pfeffer würzen.
4. Das Brötchen mit Rucolablättern garnieren und zusammengeklappt mit den restlichen Gurken- und Tomatenscheiben servieren.

Zutaten

100 g Eiweiß-Toastbrötchen
100 g Schinken, gekocht
30 g Kräuterquark, 2,4 % Fett
1 Tomate
50 g Gurke

Gewürze & Garnitur

Salz
Pfeffer
Rucolablätter

Die Gurke ist ein sehr basenreiches Nahrungsmittel, das...
...dabei unterstützend helfen kann, den Säure-Basen-Haushalt im Körper auszugleichen.

452 kcal	30 %	52 %	18 %	12 g

FRÜHSTÜCK | BIS 5 MINUTEN

Eiweißbrot mit Putenwurst, Tomate und Salat

Zubereitung

1. Den Frischkäse auf die Brotscheiben streichen.
2. Die Tomaten in Scheiben schneiden und nach Geschmack mit Salz und Pfeffer würzen.
3. Die untere Brotscheibe mit Salat, Putenwurst, ein paar Tomatenscheiben und Zwiebelringen belegen, die andere Hälfte oben darauf geben und das Brot mit den restlichen Tomatenscheiben als Beilage servieren.

Zutaten

100 g Eiweißbrot
100 g Putenwurst, mager
40 g Frischkäse, 5 % Fett
2 Tomaten
2 Zwiebelringe

Garnitur

Salatblätter nach Wahl

Bei Licht und Feuchtigkeit fangen Zwiebeln schneller an zu...
...keimen. Man sollte sie an einem trockenen und dunklen Ort lagern.

445 kcal | 22 % | 45 % | 33 % | 18 g

Eiweißbrot mit Möhren und Frischkäse

Zubereitung

1. Den Frischkäse mit Salz, Pfeffer und Zitronensaft würzen und auf die Brotscheiben verteilen.
2. Die Möhren schälen, raspeln und mit der Petersilie über den Frischkäse verteilen.
3. Die Brote noch einmal mit Salz und Pfeffer abschmecken und servieren.

Zutaten

120 g Eiweißbrot
2 Möhren
150 g Frischkäse, 5 % Fett
1 EL Petersilie, gehackt

Gewürze

Salz
Pfeffer
Zitronensaft

Im Gegensatz zu vielen anderen Gemüsesorten werden...
...Möhren das ganze Jahr über angeboten. Während der kalten Jahreszeit stammt das Angebot meist aus Spanien und Italien.

450 kcal | 29 % | 38 % | 33 % | 21 g

FRÜHSTÜCK | 10-20 MINUTEN

Rührei mit Schinken

Zubereitung

1. Die Eier mit den Eiklar verquirlen und nach Geschmack mit Salz, Pfeffer und Muskat würzen.

2. Den Schinken in kleine Stücke schneiden.

3. Die Schalotte schälen und klein würfeln.

4. Das Öl in einer beschichteten Pfanne erhitzen und die Schinkenstücke mit den Schalottenwürfeln 2 Minuten anbraten. Dann bei mittlerer Hitze die Eimasse in die Pfanne geben und ca. 5 Minuten stocken lassen, dabei gelegentlich umrühren.

5. Das fertige Rührei auf dem Brot anrichten, mit den Basilikumblättern garnieren und mit den halbierten Kirschtomaten servieren.

Zutaten

2 Eier
2 Eiklar
40 g Eiweißbrot
50 g Schinken, gekocht
6 Kirschtomaten
0,5 Schalotte
1 TL Rapsöl

Gewürze & Garnitur

Salz
Pfeffer
Muskat
Basilikumblätter

Durch ihren Gehalt an Eiweiß halten Eier außerdem auch...
...sehr gut satt, was sich wiederum beim Abnehmen positiv auswirken kann.

438 kcal	9 %	41 %	50 %	6 g

FRÜHSTÜCK | 40-50 MINUTEN

Frittata mit Feta, grünem Spargel und Petersilie

Zubereitung

1. Den Backofen auf 180 °C Ober-/Unterhitze vorheizen.

2. Den Spargel waschen, die holzigen Enden (ca. 3 cm) abschneiden und in mundgerechte Stücke schneiden.

3. Die Spargelstücke in kochendem Salzwasser 5 Minuten blanchieren.

4. Die Eier mit der sauren Sahne und dem Parmesan verquirlen. Den Feta mit einer Gabel zerdrücken und unterrühren. Nach Geschmack mit Salz, Pfeffer und frisch gehackter Petersilie würzen.

5. Eine kleine Auflaufform mit Backpapier auslegen. Die Masse zusammen mit dem Spargel hineingeben und 30 Minuten backen.

Zutaten

300 g Spargel, grün
2 Eier
3 Eiklar
50 g Feta, 8,5 % Fett
2 EL saure Sahne, 10 % Fett
1 EL Parmesan, gerieben

Gewürze

Salz
Pfeffer
Petersilie, gehackt

Spargel hält sich länger frisch wenn die Stängel unten...
...eingeschnitten und in ein Wasserglas gestellt werden.

408 kcal | 10 % | 45 % | 45 % | 4 g

FRÜHSTÜCK | 10-20 MINUTEN

Champignonomelett mit Geflügelsalami und Paprika

Zubereitung

1. Die Champignons in Scheiben schneiden. Die Paprika entstielen und in Würfel schneiden.

2. Das Öl in einer Pfanne erhitzen, die Champignons und Paprikawürfel 2 Minuten anbraten. Dann die Salamischeiben dazugeben und weitere 3 Minuten braten.

3. In der Zwischenzeit die Eier mit dem Eiklar, Frischkäse und der Milch in eine Schale geben, verquirlen und nach Geschmack mit Salz, Pfeffer und Muskat würzen.

4. Die Eimasse in die Pfanne gießen, in der Pfanne schwenken, so dass sich die Eimasse gut verteilt. Dann die Basilikumblätter verteilen und das Omelett bei geschlossenem Deckel 5 Minuten stocken lassen.

5. Mit einem Pfannenwender die Hälfte des Omeletts vom Pfannenboden lösen und das Omelett übereinander klappen. Dann die zweite Hälfte des Omeletts vom Boden lösen und das Omelett servieren.

Zutaten

2 Eier
2 Eiklar
30 g Frischkäse, 5 % Fett
2 EL Milch, 1,5 % Fett
50 g Geflügelsalami, fettarm
100 g Champignons
0,5 Paprika, rot
1 TL Rapsöl
6 Basilikumblätter

Gewürze

Salz
Pfeffer
Muskat

Frische Champignons haben ein festes Fruchtfleisch, sind...
...nicht trocken, fleckig oder schmierig. Liegen die Pilze locker in der Packung, sind sie einige Tage im Gemüsefach des Kühlschranks haltbar.

473 kcal	11 %	36 %	53 %	5 g

FRÜHSTÜCK | 20-30 MINUTEN

Erdbeer-Quark-Törtchen mit Kokos

Zubereitung

1. Die Erdbeeren entstielen, pürieren und in einem Topf erhitzen. Das Agar-Agar hinzufügen und rühren, bis es sich aufgelöst hat. Dann etwas abkühlen lassen.
2. Bis auf ein paar Blättchen für die Garnitur die Minze fein hacken.
3. Den Magerquark mit dem Joghurt, den Kokosraspel, der Zitronenschale, dem Kokosmehl, Orangensaft und der Minze in eine Schale geben und verrühren.
4. Dann die abgekühlte Erdbeersoße hinzufügen, gut verrühren und ca. 20 Minuten im Gefrierschrank stocken lassen.
5. Das Törtchen gestürzt, mit den Minzblättchen und ein paar Erdbeerscheiben garniert servieren.

Zutaten

150 g Erdbeeren
200 g Magerquark
100 g Joghurt, 3,5 % Fett
2 EL Kokosmehl, ungeölt
1 EL Kokosraspel
15 g Agar-Agar
2 EL Orangensaft
0,5 TL ger. Zitronenschale
6 Minzblättchen

Fun Fact: Wusstest Du, dass nicht alle Erdbeeren rot sind?
Ananas-Erdbeeren zum Beispiel haben weißes Fruchtfleisch, rote Nüsschen und schmecken nach Ananas.

454 kcal	30 %	36 %	34 %	26 g

Himbeerjoghurt mit Blaubeeren

Zubereitung

1. Den Quark zusammen mit dem Zimt, Joghurt, Orangen- und Limettensaft sowie den Mandeln in ein Glas geben und gut verrühren.
2. Die Beeren unterheben und den Joghurt mit den Minzblättchen garniert servieren.

Zutaten

250 g Joghurt, 1,5 % Fett
200 g Magerquark
50 g Himbeeren
100 g Blaubeeren
20 g Mandeln, gehackt
2 EL Orangensaft
1 EL Limettensaft
0,5 TL Zimt

Garnitur

Minzblättchen

Joghurt ist ein optimaler Kalziumlieferant. Kalzium ist...
...sehr wichtig für unsere Knochen und Zähne. Außerdem hilft es vorbeugend gegen Osteoporose.

456 kcal | 30 % | 36 % | 34 % | 10 g

Joghurt-Quarkcreme mit Erdbeeren und Leinsamen

Zubereitung

1. Die Erdbeeren halbieren und entstielen.
2. Den Joghurt mit dem Quark, Orangen- und Zitronensaft sowie den Leinsamen in eine Schüssel oder ein großes Glas geben, nach Geschmack mit Zimt und Vanille würzen und gut verrühren.
3. Die Erdbeeren und klein gehackten Minzblätter unterheben und die Joghurt-Quarkcreme mit zwei Minzblättern garnieren.

Zutaten

150 g Erdbeeren
250 g Magerquark
300 g Joghurt, 3,5 % Fett
1 EL Leinsamen, geschrotet
3 EL Orangensaft
2 EL Zitronensaft
6 Minzblätter

Gewürze

Zimt
Vanille

Ein längeres Sättigungsgefühl durch Leinsamen. Aufgrund...
...der Schleim- und Quellstoffe, die sich vor allem in der Schale der Leinsamen befinden, hält die Sättigung länger an.

471 kcal | 30 % | 42 % | 28 % | 7 g

Erdnuss-Schoko-Hüttenkäse

Zubereitung

1. Die Banane schälen, zerdrücken und mit dem Hüttenkäse verrühren, bis eine cremige Konsistenz entsteht.
2. Dann das Erdnussmus, den Orangensaft und Kakao unterrühren.
3. Den Hüttenkäse mit den Erdnüssen garniert servieren.

Zutaten

225 g Hüttenkäse
2 TL Kakaopulver, entölt
1 EL Erdnussmus
1 Banane
1 TL Erdnüsse
2 EL Orangensaft

Die Erdnuss ist gar keine Nuss, sondern eine Hülsenfrucht!
Botanisch gesehen ist sie nämlich mit Erbsen und Bohnen verwandt.

492 kcal | 30 % | 30 % | 40 % | 7 g

Kokos-Quark mit Mandarinen und Kakao

Zubereitung

1. In einer Schüssel den Quark mit der Kokosmilch, den Kokosraspel sowie dem Orangen- und Limettensaft cremig rühren.
2. In einer zweiten Schüssel den Joghurt mit dem Kakaopulver vermengen.
3. Die Mandarinen schälen und in Stücke teilen. Die Hälfte davon klein schneiden und zum Joghurt geben.
4. Nun in einem Glas den Kokosquark mit dem Joghurt schichten und mit den restlichen Mandarinenstücken garniert servieren.

Zutaten

2 Mandarinen
250 g Magerquark
100 ml Kokosmilch, light
100 g Joghurt, 1,5 % Fett
4 TL Kokosraspel
2 EL Orangensaft
1 EL Limettensaft
2 TL Kakaopulver, entölt

Mandarinen lieben eine trockene und kühle Umgebung. Allerdings sollte die Temperatur nicht unter 5 °C gehen.

465 kcal	30 %	37 %	33 %	8 g

Sahnejoghurt mit Erdbeeren

Zubereitung

1. Bis auf die Minzblättchen für die Garnitur alle anderen Minzblättchen klein hacken.
2. Den Joghurt mit dem Quark, der Sahne, dem Limetten- und Orangensaft in eine Schüssel geben und vermengen. Nach Belieben mit Zimt würzen und die Minzblätter unterheben.
3. Den Joghurt in ein großes Glas oder einen tiefen Teller geben.
4. Die Erdbeeren entstielen, klein schneiden und unter den Joghurt heben.
5. Den Joghurt mit den Minzblättchen garniert servieren.

Zutaten

200 g Erdbeeren
200 g Joghurt, 3,5 % Fett
250 g Magerquark
3 EL Sahne, 30 % Fett
2 EL Orangensaft
1 EL Limettensaft
6 Minzblättchen

Gewürze

Zimt

Hätten Sie gewusst, dass Erdbeeren einen höheren Gehalt...
...an Vitamin-C als Orangen aufweisen? Bereits 100 Gramm der süßen Beeren decken beinahe den Tagesbedarf..

459 kcal | 26 % | 39 % | 35 % | 3 g

FRÜHSTÜCK | BIS 5 MINUTEN

Beerenjoghurt

Zubereitung

1. Die Erdbeeren entstielen und zusammen mit den Himbeeren (ein paar Himbeeren für die Garnitur beiseite legen) in einen Mixer geben und fein pürieren. Dann den Joghurt, Orangensaft, Quark sowie Zimt nach Geschmack hinzufügen und noch einmal gut verrühren.
2. Den fertigen Beerenjoghurt in einen tiefen Teller oder großem Glas anrichten und mit den restlichen Beeren und Minzblättchen garnieren.

Zutaten

250 g Joghurt, 3,5 % Fett
200 g Quark, 20 % Fett
100 g Himbeeren
100 g Erdbeeren
3 EL Orangensaft

Gewürze & Garnitur

Zimt
Minzblättchen

Eine große Portion von 250 Gramm Himbeeren enthält...
...etwa 100 Milligramm Kalzium, gemischt mit Naturjoghurt werden die Früchte zu einer regelrechten Kalziumbombe.

459 kcal	28 %	32 %	40 %	6 g

FRÜHSTÜCK | 5- 10 MINUTEN

Falscher Milchreis aus Hüttenkäse mit Zimt

Zubereitung

1. Den Zimt mit dem Reissirup, Zitronenschalenabrieb und der Milch in ein Schälchen geben und gut verrühren.
2. Die Marmelade mit der gewürzten Milch und dem Joghurt zum Hüttenkäse geben und noch einmal gut verrühren.
3. Wer mag, kann den Hüttenkäse zusätzlich für 1 Minute auf leichter Stufe in die Mikrowelle stellen.

Zutaten

300 g Hüttenkäse, fettarm
150 g Joghurt, 3,5 % Fett
6 EL Milch, 3,5 % Fett
1 TL Reissirup
1 EL Marmelade, 70 % Frucht
0,5 TL Zitronenschalenabrieb
1 gestr. TL Zimt

In der Schwangerschaft kann Zimt gegen Blähungen,...
...Magenschmerzen sowie Verdauungsstörungen sehr hilfreich sein.

469 kcal | 30 % | 45 % | 25 % | 1 g

FRÜHSTÜCK | 10-20 MINUTEN

Granola aus Walnüssen und Kernen mit Schokomilch

Zubereitung

1. Den Backofen auf 140 °C Umluft vorheizen. Ein Backblech mit Backpapier auslegen.
2. Die Haferflocken mit den Walnüssen, Sonnenblumen- und Kürbiskernen in eine Schüssel geben und miteinander vermengen. Dann das Eiklar mit dem Zimt zu dem Müsli hinzufügen und gut verrühren.
3. Die Masse dünn auf das Backblech geben und für 20-25 Minuten backen.
4. Die Milch mit dem Kakao in eine Schale geben und verrühren. Den Joghurt unterheben, das warme Granola zerbröselt hinzufügen und alles mit den Beeren garniert servieren.

Zutaten

100 ml Milch, 1,5 % Fett
100 g Joghurt, 3,5 % Fett
100 g Beerenmischung
1 Eiklar
1 EL Haferflocken
1 EL Kürbiskerne
1 TL Kakaopulver, entölt
1 EL Walnüsse, gehackt
1 EL Sonnenblumenkerne

Gewürze

Zimt

Sonnenblumenkerne versorgen den Körper mit gesunden...
...Fetten. 90 Prozent der enthaltenen Fette sind ungesättigte Fettsäuren. Diese wirken sich beispielsweise besonders positiv auf die Blutgefäße und das Herz aus.

449 kcal | 29 % | 21 % | 50 % | 9 g

FRÜHSTÜCK | 5-10 MINUTEN

Porridge mit Erdbeeren und Erdnussbutter-Milch

Zubereitung

1. Die Mandelmilch mit dem Kokosmehl in einem Topf erwärmen. Das Erdnussmus hinzufügen, schmelzen lassen und gut verrühren. Dann die Chiasamen und den Orangensaft hinzufügen und alles etwas ziehen lassen.

2. Die Erdbeeren entstielen und klein schneiden.

3. Den Porridge mit den Erdbeeren in eine Schale geben und mit den Kakaonibs und gehackten Mandeln garniert servieren.

Zutaten

100 g Erdbeeren
300 ml Mandelmilch, ungesüßt
3 EL Kokosmehl, entölt
3 EL Orangensaft
2 TL Chiasamen
2 TL Kakaonibs
2 TL Mandeln, gehackt
1 TL Erdnussmus

Kein anderes Mehl hat so viele Ballaststoffe wie Kokosmehl.
Die empfohlene Tagesmenge von 30 g wird schon mit dem Verzehr von etwa 70 g Kokosmehl gedeckt.

494 kcal	29 %	25 %	46 %	25 g

FRÜHSTÜCK | 20-30 MINUTEN

Granola mit Joghurt und Beeren

Zubereitung

1. Den Backofen auf 140 °C Umluft vorheizen. Ein Blech mit Backpapier auslegen.
2. Die Kokosraspel mit den Sonnenblumenkernen, Gojibeeren, Kürbiskernen und den gehackten Mandeln in eine Schüssel geben, vermengen und das Eiklar einrühren.
3. Die Müslimischung auf das Backpapier geben und für 20-25 Minuten in den Ofen geben.
4. Das fertige Müsli zerbröseln, in eine Schale geben, die Beeren dazu geben und mit dem Joghurt servieren.

Zutaten

200 g Joghurt, 1,5 % Fett
1 Eiklar
150 g Blaubeeren
1 EL Kokosraspel
1 EL Mandeln, gehackt
1 TL Gojibeeren
1 EL Kürbiskerne
1 EL Sonnenblumenkerne

Beeren sind was die Lagerung betrifft sehr anspruchsvoll. Zwischen Reife und Verderben liegt oft nur eine geringe Zeitspanne. Nach dem Einkauf sollten sie direkt an einem kühlen und schattigen Ort verstaut werden.

446 kcal | 28 % | 19 % | 53 % | 13 g

FRÜHSTÜCK | 20-30 MINUTEN

Muffins mit Spinat und Fetakäse

Zubereitung

1. Den Backofen auf 180 °C Umluft vorheizen.

2. Die Zwiebel und Knoblauchzehe abziehen und in einem Mixer grob zerkleinern. Den Spinat und die Basilikumblätter hinzufügen und ebenfalls grob zerkleinern.

3. Das Gemüse in einer beschichteten Pfanne 5 Minuten dünsten.

4. In der Zwischenzeit das Ei mit dem Mehl, Quark und den Flohsamenschalen gut verrühren und nach Geschmack mit Salz, Pfeffer und Muskat würzen. Dann den zerbröselten Feta unterheben.

5. Das fertige Gemüse ebenfalls hinzufügen, gut verrühren und die Masse dann in eine Muffin Silikonform füllen.

6. Die Muffins auf der mittleren Schiene für ca. 30 Minuten in den Backofen geben und dann warm servieren.

Zutaten

200 g Blattspinat
70 g Fetakäse, 9 % Fett
100 g Magerquark
1 EL Dinkelvollkornmehl
1 Ei
1 EL Flohsamenschalen
0,5 Knoblauchzehe
0,5 Zwiebel
6 Blätter Basilikum

Gewürze

Salz
Pfeffer
Muskat

408 kcal | 25 % | 42 % | 33 % | 11 g

FRÜHSTÜCK | 10-20 MINUTEN

Pfannkuchen mit Mandelmehl und Blaubeeren

Zubereitung

1. Das Eiklar mit der Milch und etwas Salz schaumig schlagen. Das Mandelmehl mit dem Quark, Wasser und den Flohsamenschalen hinzufügen, gut verrühren und dann ziehen lassen.

2. Für die Füllung den Quark mit dem Ahornsirup, Orangensaft und den Chiasamen verrühren und dann quellen lassen.

3. Ein Schuss Öl auf ein Papiertuch geben und eine kleine beschichtete Pfanne damit einreiben. Dann in die erhitzte Pfanne den Teig portionsweise geben und die Pfannkuchen ca. 2-3 Minuten von jeder Seite ausbacken.

4. Die fertigen Pfannkuchen mit ein paar Beeren garnieren und die restlichen Beeren mit dem Quark zu den Pfannkuchen servieren.

Teig

30 g Mandelmehl, entölt
150 ml Mandelmilch, ungesüßt
25 ml Mineralwasser
30 g Magerquark
1 Eiklar
1 TL Flohsamenschalen
Prise Salz

Füllung

250 g Magerquark
100 g Blaubeeren
1 EL Chiasamen
2 EL Orangensaft
1 TL Ahornsirup

Da Blaubeeren schnell an Geschmack verlieren, sollte man...
...die Beeren nicht zu lange lagern. Länger als eine Woche sollten sie nicht im Kühlschrank verbleiben.

460 kcal | 24 % | 38 % | 38 % | 13 g

Pfannkuchen mit Mandelmehl und Pfirsich

Zubereitung

1. Den Pfirsich entkernen und in dünne Scheiben schneiden. Eine Marinade aus dem Orangensaft, Ahornsirup, einem Teelöffel Zitronensaft und der Minze herstellen und die Pfirsichscheiben darin einlegen.

2. Die Milch mit dem Eiklar schaumig schlagen. Das Mehl, die Flohsamenschalen und das Salz einstreuen, den Quark hinzufügen und alles zu einem glatten Teig verrühren. Dann das Mineralwasser dazu geben, noch einmal gut umrühren und ziehen lassen.

3. Den Hüttenkäse mit Zimt nach Geschmack und einem Teelöffel Zitronensaft abschmecken.

4. Ein Schuss Öl auf ein Papiertuch geben und eine kleine beschichtete Pfanne damit einreiben. Dann in die erhitzte Pfanne den Teig portionsweise geben und die Pfannkuchen ca. 2-3 Minuten von jeder Seite ausbacken.

5. Den Hüttenkäse gleichmäßig auf die Pfannkuchen verteilen, mit den eingelegten Pfirsichscheiben belegen und der restlichen Marinade begießen.

Teig

30 g Mandelmehl, entölt
150 ml Mandelmilch, ungesüßt
25 ml Mineralwasser
30 g Magerquark
1 Eiklar
1 TL Flohsamenschalen
Prise Salz

Füllung

150 g Hüttenkäse, fettarm
1 Pfirsich
2 EL Orangensaft
2 TL Zitronensaft
1 TL Ahornsirup
1 TL Minze, gehackt
Zimt

423 kcal	29 %	34 %	37 %	9 g

FRÜHSTÜCK | 10-20 MINUTEN

Rührei-Muffins mit Paprika und Schinken

Zubereitung

1. Den Backofen auf 180 °C Ober-/Unterhitze vorheizen.
2. Die Paprika entstielen, entkernen, waschen und in kleine Würfel schneiden.
3. Die Pellkartoffeln schälen und mit einer Gabel zerdrücken.
4. Die Eier mit den Eiklar, dem Kartoffelbrei und der Milch verquirlen und nach Belieben mit Salz und Pfeffer würzen. Anschließend die Paprika- und Schinkenwürfel sowie die Hälfte vom Schnittlauch unterheben.
5. Am Besten verwenden Sie eine Muffin Silikonform und fetten dies leicht ein.
6. Das Rührei in die Förmchen verteilen, sodass diese nicht bis zum Rand gefüllt sind, da das Rührei während der Backzeit noch etwas aufgeht.
7. Die Muffins nun für ca. 20 Minuten in den Ofen geben.
8. Zum Schluss die Muffins mit dem restlichen Schnittlauch garniert servieren.

Zutaten

2 Eier
2 Eiklar
75 ml Milch, 1,5 % Fett
50 g Schinkenwürfel, fettarm
100 g Paprika, rot
100 g Pellkartoffeln
2 TL Schnittlauch, geschnitten

Gewürze

Salz
Pfeffer

435 kcal	28 %	38 %	34 %	6 g

FRÜHSTÜCK | 10-20 MINUTEN

Pfannkuchen mit Kochschinken und Tomate

Zubereitung

1. Die Milch mit dem Ei schaumig schlagen. Das Mehl, Wasser und Salz einstreuen, alles gut verrühren und beiseitestellen.
2. Die Schalotte abziehen und klein würfeln.
3. Die Tomate entkernen und ebenfalls würfeln.
4. Den Schinken in Streifen schneiden und mit den Schalotten- und Tomatenwürfeln sowie dem Frischkäse und Schnittlauch vermengen und nach Geschmack mit Salz, Pfeffer und Chiliflocken würzen.
5. Eine kleine beschichtete Pfanne mit Öl einsprühen, den Teig portionsweise in die Pfanne geben und von beiden Seiten ca. 2 Minuten ausbacken.
6. Den Pfannkuchen mit der Creme füllen, zusammenrollen und servieren.

Teig

25 ml Mineralwasser
50 ml Milch, 1,5 % Fett
30 g Weizenvollkornmehl
1 Ei
1 Prise Salz

Füllung

50 g Kochschinken
100 g Frischkäse, 5 % Fett
0,5 Schalotte
1 Tomate
1 EL Schnittlauch, geschnitten

Gewürze

Salz
Pfeffer
Chiliflocken

Obst und Gemüse, das neben Tomaten lagert, verdirbt...
...schneller. Das liegt am Stoff Ethen, der den Stoffwechsel benachbarter Früchte und Gemüse beschleunigt und sie schneller verderben lässt.

408 kcal	30 %	37 %	33 %	5 g

FRÜHSTÜCK | 5-10 MINUTEN

Mandarinen-Mandel-Porridge

Zubereitung

1. Die Mandelmilch mit dem Mandelmehl, Mandelmus und den Flohsamenschalen in einen Topf geben und bei mittlerer Temperatur erhitzen bis die Masse andickt. Dabei regelmäßig umrühren.

2. Anschließend den Orangen- und Limettensaft unterrühren und den Porridge in einen tiefen Teller oder ein Glas füllen.

3. Die Mandarinen schälen, in Stücken zum Porridge geben und diesen dann servieren.

Zutaten

2 Mandarinen
40 g Mandelmehl, entölt
350 ml Mandelmilch, ungesüßt
2 EL Orangensaft
1 EL Limettensaft
2 TL Flohsamenschalen
1 EL Mandelmus

Flohsamen können aufgrund ihres neutralen Geschmacks...
...mit jedem Nahrungsmittel eingenommen beziehungsweise kombiniert werden. Eine beliebte Methode ist das Einrühren in Flüssigkeiten oder in Müsli, Salat sowie Joghurt.

420 kcal | 28 % | 27 % | 45 % | 17 g

Porridge aus Chiasamen und Mandelmehl mit Obst

Zubereitung

1. Die Chiasamen und das Mandelmehl mit der Mandel- und Kokosmilch in einem Topf kurz erhitzen, gut verrühren und anschließend 3 Minuten quellen lassen.
2. Den Pfirsich halbieren, entkernen und in feine Scheiben schneiden.
3. Den Quark und Orangensaft zum Porridge geben und unterrühren.
4. Zum Schluss die Pfirsichscheiben zusammen mit den Blaubeeren dazu geben und alles mit den gehackten Mandeln garniert servieren.

Zutaten

0,5 Pfirsich
100 g Blaubeeren
100 ml Kokosmilch, light
150 g Magerquark
150 ml Mandelmilch
1 EL Chiasamen
2 EL Mandelmehl, entölt
2 TL Mandeln, gehackt
2 EL Orangensaft

Mandeln sind reich an Proteinen und Fetten. Sie enthalten...
...außerdem viele gesunde Vitamine und Spurenelemente wie Vitamin E, Magnesium und Eisen.

493 kcal	25 %	37 %	38 %	15 g

FRÜHSTÜCK | 5-10 MINUTEN

Schoko-Porridge mit Quinoa, Blaubeeren und Mandeln

Zutaten

300 ml Mandelmilch, ungesüßt
200 g Blaubeeren
2 EL Mandelmehl, entölt
1,5 EL Mandeln, gehackt
2 EL Quinoa
1 EL Kakaopulver, entölt
1 EL Chiasamen
2 EL Orangensaft

Zubereitung

1. Die Mandelmilch in einem Topf auf mittlerer Temperatur erwärmen. Den Quinoa hinzufügen und ca. 8 Minuten unter Rühren köcheln lassen. Dann die Temperatur etwas senken und die Chiasamen, das Mandelmehl, den Orangensaft sowie den Kakao hinzufügen und weitere 4 Minuten unter Rühren quellen lassen.

2. Den Porridge in eine Schüssel füllen, die Mandeln und Blaubeeren unterheben und den Porridge mit ein paar Mandeln und Blaubeeren garniert servieren.

Quinoa versorgt unseren Körper mit hochwertigen Amino-...
...säuren, ungesättigten Fetten, leistungssteigernden Mineralstoffen und lebenswichtigen Vitaminen sowie entzündungshemmenden sekundären Pflanzenstoffen.

463 kcal | 27 % | 24 % | 49 % | 26 g

Porridge aus Chiasamen und Kokosmehl mit Himbeeren

Zubereitung

1. Die Chiasamen mit der Mandelmilch, dem Kokosmehl und den Kokosflocken in einem Topf kurz erhitzen, 3 Minuten quellen lassen und gut verrühren.

2. Den Quark, Zimt nach Geschmack und den Orangensaft hinzufügen und noch einmal alles gut verrühren.

3. Den Porridge mit den Himbeeren anrichten und servieren.

Zutaten

250 ml Mandelmilch, ungesüßt
200 g Magerquark
100 g Himbeeren
2 EL Kokosflocken
2 EL Kokosmehl, entölt
1 EL Chiasamen
2 EL Orangensaft

Gewürze

Zimt

Chiasamen sind reich an Ballaststoffen, Eiweißen und...
...wichtigen Vitaminen und Mineralstoffen, wie Vitamin E und Kalzium.

499 kcal	29 %	35 %	36 %	34 g

Ihr neues

MITTAGESSEN

Ihre **REZEPTE**

Brote, Suppen und Salate sind ideale Rezepte zum Vorbereiten und Mitnehmen. Wer es süß mag kann natürlich auch eine Frühstücksmahlzeit wie ein Joghurt, Quark, Shake oder Müsli zum Mitnehmen zubereiten.

499 kcal | 30 % | 52 % | 18 % | 13 g

Zanderfilet mit Erbsen-Kresse-Püree

Zubereitung

1. Eine beschichtete Pfanne mit Öl auspinseln und auf mittlerer Stufe erwärmen. Den Zander zunächst auf der Hautseite 3 Minuten anbraten.
2. Währenddessen die Erbsen in siedendem Wasser 4 Minuten kochen.
3. Die Zwiebel schälen und in Ringe schneiden. 2/3 davon mit dem Mandelmehl bestäuben und in die Pfanne zum Fisch geben. Gelegentlich wenden.
4. Dann die Hitze der Fisch-Pfanne reduzieren und den Zander wenden. Die Salbeiblätter nach Geschmack auf den Fisch legen und mit Salz sowie Pfeffer würzen. Den Fisch je nach Größe ca. 8 Minuten gar ziehen lassen.
5. Die Erbsen abtropfen und zusammen mit dem Rest der Zwiebel sowie der Hälfte der Kresse mit einem Handmixer pürieren. Das Püree in einen Topf geben, mit der Creme Fine 2 Minuten aufkochen und nach Geschmack mit Salz, Pfeffer und Paprikapulver würzen.
6. Zum Schluss das Radieschen in Scheiben schneiden und mit dem Limettensaft und der restlichen Kresse vermengen. Den Fisch auf dem Erbsenpüree anrichten. Die Zwiebelringe und die Radieschen darüber geben und servieren.

Zutaten

250 g Zanderfilet
200 g Erbsen, TK
1 Radieschen
0,5 Zwiebel
3 EL Creme Fine, 7 % Fett
2 TL Mandelmehl, entölt
2 EL Kresse
1 EL Limettensaft

Gewürze

Meersalz
Pfeffer
Paprikapulver, edelsüß
Salbeiblätter

 Mittagessen 446 kcal 23 % 34 % 43 % 10 g

Lachs-Röllchen mit Auberginenfüllung auf Salatbett

Zubereitung

1. Den Knoblauch abziehen und fein würfeln.
2. Die Aubergine in kleine Würfel schneiden und in einer beschichteten Pfanne mit den Knoblauchwürfeln 2 Minuten anbraten. Dann die Gemüsebrühe hinzufügen und das Gemüse weitere 5 Minuten dünsten.
3. In der Zwischenzeit den Salat waschen und trocknen. Die Tomaten und Gurke in kleine Würfel schneiden. Alles anrichten und mit Salz, Pfeffer sowie der Balsamico Creme würzen.
4. Die Auberginenwürfel mit einem Stabmixer pürieren, mit dem Senf und Honig vermengen und nach Geschmack mit Salz, Pfeffer und Zitronensaft würzen.
5. Die Lachsscheiben mit der Creme belegen und mit etwas Druck zusammenrollen. Mit der Schnittfläche nach unten auf dem Salat anrichten und mit Schnittlauch garniert servieren.

Zutaten

100 g Lachs, geräuchert
60 ml Gemüsebrühe
0,5 Aubergine
30 g Feldsalat
2 Tomaten
0,25 Gurke
0,5 Knoblauchzehe
2 TL Balsamico Creme, dunkel
1 TL Zitronensaft
0,5 TL Honig
1 TL Senf

Gewürze

Salz
Pfeffer
Schnittlauch

Beim Kauf von Auberginen sollte darauf geachtet werden,...
...dass die Früchte dunkelviolett sind und eine straffe, glänzende Haut haben.

439 kcal | 13 % | 39 % | 48 % | 3 g

MITTAGESSEN | 10-20 MINUTEN

Zucchini-Lachsforellen-Frikadellen mit Joghurtdip

Zubereitung

1. Die Schalotte abziehen und in feine Würfel schneiden.
2. Die Lachsforelle mit einer Gabel zerdrücken.
3. Die Zucchini raspeln oder in einem Mixer grob zerkleinern, mit Salz bestreuen und etwas ziehen lassen.
4. Die Flüssigkeit der Zucchiniraspeln in einem Sieb ausdrücken. Diese dann zusammen mit dem Fisch, den Schalottenwürfeln, Leinsamen, dem Parmesan, Ei und der Hälfte der Zitronenschale vermengen und nach Geschmack mit Salz und Pfeffer würzen.
5. Die Masse zu großen Kugeln formen. Dann eine beschichtete Pfanne mit Öl auspinseln oder einsprühen, die Kugeln in der Pfanne etwas platt drücken und von beiden Seiten ca. 4 Minuten bei mittlerer Hitze braten.
6. Den Joghurt mit dem Schnittlauch und der anderen Hälfte der Zitronenschale vermischen. Nach Geschmack mit Salz und Pfeffer würzen und mit den Frikadellen anrichten.

Zutaten

100 g Lachsforelle
1 Zucchini
1 Ei
1 Schalotte
10 g Parmesan, gerieben
1 EL Leinsamen, geschrotet
1 TL Zitronenschalenabrieb
Salz
Pfeffer

Für den Dip

1 EL Schnittlauch, geschnitten
150 g Joghurt, 1,5 % Fett

403 kcal	19 %	52 %	29 %	8 g

Garnelensalat mit Möhren und Radieschen

Zubereitung

1. Die Zwiebel und Knoblauchzehe abziehen und klein würfeln.
2. Die Salatblätter waschen, trocknen und in mundgerechte Stücke zerkleinern.
3. Die Möhren schälen, waschen und grob raspeln.
4. Die Salatgurke und Radieschen in dünne Scheiben schneiden oder hobeln.
5. Das Öl in einer Pfanne erhitzen und die Garnelen, Zwiebel- und Knoblauchwürfel ca. 3 Minuten scharf anbraten. Mit Salz, Pfeffer, Zitronensaft und den Kräutern nach Geschmack würzen. Dann mit dem Orangensaft und dem Essig ablöschen und noch etwas ziehen lassen.
6. Die Salatblätter und das vorbereitete Gemüse zusammen anrichten, den gesamten Pfanneninhalt darüber verteilen und den Salat servieren.

Zutaten

250 g Garnelen, küchenfertig
50 g Salatblätter, nach Wahl
8 Radieschen
2 Möhren
0,25 Salatgurke
0,5 Zwiebel
0,5 Knoblauchzehe
2 EL Orangensaft
1 EL Obstessig
2 TL Öl
1 TL Zitronensaft

Gewürze

Salz
Pfeffer
italienischer Kräutermix

Radieschen lagern Sie am besten im Kühlschrank. Dann...
...trocknen sie nicht aus und „verschrumpeln" auch nicht.

477 kcal	30 %	46 %	24 %	13 g

MITTAGESSEN | 10-20 MINUTEN

Thunfischsalat mit Lollo Rosso und weißen Bohnen

Zubereitung

1. Den Thunfisch in ein Sieb geben und abtropfen lassen.

2. Die Bohnen in einem Sieb mit Wasser abspülen und dann abtropfen lassen.

3. Den Lollo Rosso waschen, trocknen und klein zupfen. Die Tomaten in Scheiben schneiden und die Möhre putzen und in Streifen hobeln.

4. Alles zusammen mit den Oliven anrichten.

5. Für das Dressing den Zitronensaft mit dem Balsamico, Senf, Öl, Honig, der Gemüsebrühe und Petersilie in eine Schale geben, nach Geschmack mit Salz und Pfeffer würzen und gut vermengen.

6. Das Dressing über den Salat gießen und servieren.

Zutaten

50 g Lollo Rosso
2 Tomaten
100 g weiße Bohnen, Dose
200 g Thunfisch, im Saft
8 Oliven, schwarz
1 Möhre
3 EL Gemüsebrühe
1 TL Zitronensaft
1 EL Balsamico, weiß
1 TL Öl
0,5 TL Senf
0,5 TL Honig
1 EL Petersilie, gehackt

Gewürze

Salz
Pfeffer

Die vielen Ballaststoffe in den weißen Bohnen unter-...
...stützen eine gute Verdauung und fördern eine gesunde Darmflora.

448 kcal	11 %	64 %	25 %	4 g

Salatwrap Asia mit Huhn und Möhren

Zubereitung

1. Die Möhren putzen und raspeln. Die Schalotte abziehen und in feine Stücke schneiden.

2. Das Hühnerfilet in kleine, mundgerechte Stücke schneiden. Eine beschichtete Pfanne mit dem Öl erhitzen und das Fleisch ca. 3 Minuten scharf anbraten.

3. Das Gemüse mit der Teriyaki Soße und der Gemüsebrühe hinzufügen und ca. 3 Minuten köcheln lassen. Mit Salz, Pfeffer und Chili abschmecken.

4. Die Frühlingszwiebeln in feine Ringe schneiden und mit dem Hüttenkäse, der sauren Sahne und dem Zitronensaft vermengen und nach Geschmack mit Salz, Pfeffer und Koriander würzen.

5. Die Frischkäsecreme auf den Salatblättern verteilen, darauf die Huhn-Möhren-Mischung geben und servieren.

Zutaten

7 Blätter Kopfsalat
250 g Hühnerbrustfilet
50 g Hüttenkäse, fettarm
50 g saure Sahne, 10 % Fett
30 ml Gemüsebrühe
2 Möhren
2 Frühlingszwiebeln
1 Schalotte
2 TL Teriyaki Soße
1 TL Rapsöl
1 TL Zitronensaft

Gewürze

Salz
Pfeffer
Koriander
Chilipulver

Salat ist empfindlich und sollte deshalb so schnell wie...
...möglich verzehrt werden. Eine Ausnahme ist Eisbergsalat. Er hält sich bei guter Lagerung bis zu zwei Wochen.

457 kcal	13 %	58 %	29 %	1 g

MITTAGESSEN | 20-30 MINUTEN

Pulled Chicken mit Salat und Feta

Zubereitung

1. Die Zwiebel schälen und in feine Ringe schneiden. Das Filet einmal längs durchschneiden.

2. Eine beschichtete Pfanne auf mittlerer Stufe ohne Öl erhitzen und das Filet von jeder Seite ca. 1 Minute anbraten. Dann mit Paprikapulver, Salz, Pfeffer und ein wenig Chili nach Belieben würzen Das Huhn mit der Brühe aufgießen und das Lorbeerblatt sowie die Zwiebelringe hinzufügen. Die Pfanne mit einem Deckel verschließen und bei mittlerer Hitze ca. 20 Minuten gar ziehen lassen.

3. In der Zwischenzeit den Feta zerbröseln und den Salat waschen und trocknen.

4. Den Orangensaft mit dem Honig, Balsamico und Öl zu einem Dressing vermischen und nach Geschmack mit Salz und Pfeffer würzen. Den Salat mit der Kresse und dem Feta vermengen.

5. Das Dressing über den Salat geben.

6. Anschließend das Hähnchen herausnehmen, an den Fasern entlang zerrupfen und noch einmal aufkochen lassen. Dann das Fleisch auf dem Salat anrichten und genießen.

Zutaten

200 g Hähnchenbrustfilet
80 g Salat, nach Wahl
75 g Feta, 9 % Fett
350 ml Hühnerbrühe
0,5 Zwiebel, rot
2 EL Orangensaft
1 TL Olivenöl
2 TL Balsamico, weiß
1 EL Kresse
0,5 TL Honig

Gewürze

Salz
Pfeffer
Chili
Lorbeerblatt
Paprikapulver

 480 kcal 19 % 56 % 25 % 6 g

Gurkensalat mit Huhn und Koriander

Zubereitung

1. Die Hühnerbrust in 2-3 cm lange feine Streifen schneiden.
2. Die Zwiebel abziehen und in dünne Ringe schneiden.
3. Die Hälfte vom Öl in einer Pfanne erhitzen und das Fleisch in einer beschichteten Pfanne 2 Minuten von jeder Seite scharf anbraten. Dann die Zwiebelringe hinzufügen, alles bei geringer Hitze noch 5 Minuten garen lassen und nach Geschmack mit Salz, Pfeffer und Kreuzkümmel würzen.
4. In der Zwischenzeit die Gurke in feine Streifen schneiden und den Fenchel in Scheiben schneiden.
5. Für das Dressing das restliche Öl mit dem Balsamico, Koriander, Senf und Honig vermischen.
6. Nun alles zusammen anrichten, das Dressing und die Leinsamen über den Salat geben und servieren.

Zutaten

0,5 Gurke
250 g Hühnerbrustfilet
0,5 Zwiebel
0,5 Fenchel
1 TL Leinsamen
2 TL Olivenöl
2 TL Balsamico
1 TL Honig
0,5 TL Senf
1 EL Koriander, gehackt

Gewürze

Salz
Pfeffer
Kreuzkümmel

Fenchel bekommt seinen typischen Geschmack durch...
...ätherische Öle wie z. B. Menthol. Diese unterstützen den Magen und die Verdauung.

436 kcal | 30 % | 42 % | 28 % | 8 g

Spaghettisalat mit Teriyaki-Huhn

Zubereitung

1. Die Spaghetti im Salzwasser nach Packungsanleitung bissfest kochen und etwas abkühlen lassen.

2. Die Schalotte schälen und in Ringe schneiden.

3. Währenddessen das Hühnerfilet in kleine Stücke schneiden. Eine beschichtete Pfanne auf mittlerer Stufe erhitzen und die Stücke ohne Öl 2 Minuten von allen Seiten anbraten. Dann direkt die Teriyaki Soße, Schalottenringe und ein Esslöffel Wasser hinzufügen und bei niedrigerer Hitze ca. 5 Minuten köcheln lassen, bis das Huhn gar ist. Dabei regelmäßig umrühren.

4. Die Gurke vierteln, entkernen und zusammen mit dem Rotkohl in feine Würfel bzw. Streifen schneiden.

5. Für das Dressing die Avocado mit einer Gabel zerdrücken, mit Salz, Pfeffer und Chili nach Geschmack würzen und den Balsamico unterrühren.

6. Das Gemüse mit den Spaghetti und dem Dressing vermischen, noch einmal abschmecken und mit dem Huhn anrichten.

Zutaten

150 g Hühnerbrustfilet
30 g Vollkornspaghetti
100 g Rotkohl
0,5 Gurke
0,25 Avocado
0,5 Schalotte
1 EL Teriyaki Soße
1 EL Balsamico, hell

Gewürze

Salz
Pfeffer
Chili

468 kcal	30 %	47 %	23 %	4 g

Zitronenhühnchen mit scharfem Curry-Couscous

Zubereitung

1. Den Backofen auf 180 °C Ober- und Unterhitze vorheizen. Ein Gitter mit Backpapier auslegen. Den Couscous nach Packungsanleitung mit der gekörnten Brühe zubereiten.

2. In der Zwischenzeit das Hühnerfleisch in kleine Würfel schneiden, mit dem Öl in eine Schüssel geben, nach Geschmack mit Salz, Pfeffer, Zitronengraspaste und Knoblauchpulver würzen und alles gut vermengen.

3. Eine beschichtete Pfanne auf mittlerer Stufe erwärmen und die marinierten Würfel rundum ca. 5 Minuten anbraten. Währenddessen die Zitrone in dünne Scheiben schneiden, die Zitronenscheiben und Fleischwürfel nacheinander auf lange Spieße stecken und für 10 Minuten in den Backofen geben.

4. Die Frühlingszwiebeln in feine Ringe schneiden. Die Currypaste mit dem Saft der Orange, der Petersilie und den Zwiebelringen verrühren, anschließend mit dem abgetropften Couscous vermengen und mit Salz und Pfeffer abschmecken.

5. Zum Schluss die Spieße aus dem Ofen nehmen und mit dem Gewürzcouscous und den Granatapfelkernen garniert servieren.

Zutaten

200 g Hühnerbrustfilet
30 g Couscous
2 Frühlingszwiebeln
0,5 Zitrone
0,5 Orange
2 TL Granatapfelkerne
2 TL Rapsöl
0,5 TL Gemüsebrühe, gekörnt
0,5 TL Currypaste, rot
2 EL Petersilie, gehackt

Gewürze

Salz
Pfeffer
Zitronengraspaste
Knoblauchpulver

 Mittagessen

478 kcal | 26 % | 44 % | 30 % | 19 g

MITTAGESSEN | 20-30 MINUTEN

Gemüsepfanne mit Hackfleischbällchen

Zubereitung

1. Die Paprika entkernen und waschen. Die Möhre schälen und beides in Stücke schneiden.
2. Die Zwiebel und Knoblauchzehe abziehen, klein würfeln und in einer beschichteten Pfanne ca. 2 Minuten andünsten.
3. Das Hackfleisch in eine Schüssel mit der Hälfte der gedünsteten Zwiebel- und Knoblauchwürfel verrühren und nach Belieben mit Salz, Pfeffer und Paprikapulver würzen. Anschließend mit feuchten Händen kleine Bällchen rollen und im heißen Öl von allen Seiten anbraten. Dann aus der Pfanne herausnehmen und warm stellen.
4. In dieselbe Pfanne die Thymianzweige, Paprika- und Möhrenstücke geben und 2-3 Minuten anbraten. Anschließend die Brühe angießen, die restlichen Zwiebel- und Knoblauchwürfel hinzufügen und weitere 4-5 Minuten köcheln lassen. Zum Schluss die Hackfleischbällchen hineingeben, noch etwas ziehen lassen und dann die fertige Gemüsepfanne servieren.

Zutaten

200 g Rinderhack, mager
100 ml Gemüsebrühe
1 Möhre
2 Paprika
0,5 Zwiebel
0,5 Knoblauchzehe
1 TL Öl
1,5 TL Leinsamen, geschrotet
2 Thymianzweige

Gewürze

Salz
Pfeffer
Paprikapulver, rosenscharf

468 kcal 25 % 38 % 37 % 13 g

MITTAGESSEN | 20-30 MINUTEN

Teriyaki-Rindfleisch mit Zucchini, Paprika und Sesam

Zubereitung

1. Das Roastbeef in mundgerechte Stücke schneiden.
2. Die Frühlingszwiebel in Ringe schneiden.
3. Die Paprika entkernen, waschen und in kleine Stücke schneiden.
4. Die Möhren schälen und in Streifen schneiden. Die Zucchini ebenfalls in Streifen schneiden. Die Sojasprossen abspülen und abtropfen lassen.
5. Das Öl in einer beschichteten Pfanne erhitzen und das Fleisch 2 Minuten scharf anbraten, nach Geschmack mit Salz und Pfeffer würzen, regelmäßig umrühren und danach herausnehmen.
6. Die Teriyaki Soße mit der Currypaste und dem Gemüse in die Pfanne geben und 2-3 Minuten anbraten. Dann mit der Rinderbrühe ablöschen und noch 2-3 Minuten köcheln lassen bis die gewünschte Bissfestigkeit erreicht ist. Danach das Fleisch wieder hinzufügen und etwas ziehen lassen.
7. Zum Schluss das Gericht mit Sesamkörnern und Petersilie garnieren und servieren.

Zutaten

150 g Roastbeef
1 Zucchini
1 Paprika, rot
2 Möhren
30 g Sojasprossen
2 EL Teriyaki Soße
60 ml Rinderbrühe
1 Frühlingszwiebel
1 TL Öl
1 TL Sesam
0,5 TL Currypaste, rot
1 TL Petersilie, gehackt

Gewürze

Salz
Pfeffer

478 kcal 16 % 54 % 30 % 5 g

MITTAGESSEN | 5-10 MINUTEN

Roastbeef-Röllchen mit Ei und roter Paprika

Zubereitung

1. Die Zwiebel schälen und fein würfeln. Die Zwiebelwürfel zusammen mit dem Gemüsefond in eine beschichtete Pfanne geben und ca. 3 Minuten dünsten. Dann das Ei dazu geben, stocken lassen und mit einem Schaber zerteilen.

2. Die Paprika entkernen und zusammen mit den Gewürzgurken in kleine Würfel schneiden.

3. Den Hüttenkäse mit den Paprika- und Gurkenwürfeln vermengen und nach Geschmack mit Salz, Pfeffer und Petersilie würzen.

4. Den Hüttenkäse und das Ei gleichmäßig auf die Roastbeefscheiben verteilen, mit leichtem Druck aufrollen und mit der restlichen Füllung servieren.

Zutaten

200 g Scheiben Roastbeef
150 g Hüttenkäse, fettarm
1 Ei
1 Paprika, rot
5 Gewürzgurken
0,5 Zwiebel, rot
3 EL Gemüsefond

Gewürze

Salz
Pfeffer
Petersilie

Gewürzgurken sind reich an Vitaminen und Mineralien. Außerdem enthalten sie wasserlösliche und harntreibende Stoffe, die bei gewissen Krankheiten förderlich sein können.

448 kcal	29 %	46 %	25 %	6 g

Pfannkuchen mit Kochschinken und Spinat

Zubereitung

1. Die Milch und das Ei schaumig schlagen. Das Mehl, Salz und Wasser hinzufügen und alles zu einem glatten Teig verrühren.
2. Die Schalotte und Knoblauchzehe abziehen und klein würfeln.
3. In einer Pfanne die Brühe mit dem Orangensaft erhitzen und den Spinat mit den Knoblauch- und Schalottenwürfel sowie Basilikumblättern ca. 3 Minuten andünsten. Mit Salz und Pfeffer nach Geschmack würzen.
4. Die Pfannkuchen in einer beschichteten Pfanne ausbacken mit dem Spinat und Schinken belegen, zusammenrollen und servieren.

Teig

75 ml Milch, 1,5 % Fett
25 ml Mineralwasser
2 EL Dinkelmehl
1 Ei
1 Prise Salz

Füllung

150 g Kochschinken
100 g Blattspinat
0,5 Schalotte
0,5 Knoblauchzehe
2 EL Orangensaft
1 EL Gemüsebrühe
2 EL Basilikum, geschnitten

Gewürze

Salz
Pfeffer

Spinat gehört zu den Gemüsearten, die eine relativ kurze...
...Haltbarkeit haben. Am besten ist es, ihn sofort nach dem Kauf beziehungsweise noch am selben Tag zu verarbeiten.

 458 kcal 26 % 38 % 36 % 9 g

Salaträllchen mit Schweinebraten-Meerrettichfüllung

Zubereitung

1. Den Frischkäse mit dem Sahnemeerrettich und Zitronensaft in ein Schälchen geben, nach Geschmack mit Salz und Pfeffer würzen und gut verrühren.
2. Die Möhren putzen und in feine Stifte schneiden und den Schweinebraten grob hacken.
3. Die Innenseite der Salatblätter mit der Creme bestreichen und mit den gehobelten Mandeln bestreuen.
4. An einer Seite des Blattes etwas Petersilie, ein paar Möhrenstifte und etwas Braten verteilen.
5. Die Blätter an den Seiten aufrollen und servieren.

Zutaten

100 g Bratenaufschnitt
6 Blätter Kopfsalat
3 Möhren
150 g Frischkäse, 5 % Fett
1 EL Sahnemeerrettich
1 EL Zitronensaft
1 EL Mandeln, gehobelt
1 EL Petersilie, gehackt

Gewürze

Salz
Pfeffer

Salat ist sehr empfindlich und sollte deshalb möglichst nur...
...nach Bedarf eingekauft und binnen kürzester Zeit verbraucht werden.

442 kcal | 26 % | 50 % | 24 % | 14 g

MITTAGESSEN | 20-30 MINUTEN

Gemüseeintopf mit Pute, Aubergine und Möhren

Zubereitung

1. Das Fleisch in mundgerechte Stücke schneiden und nach Geschmack mit Salz und Pfeffer würzen.
2. Die Möhren schälen und in Scheiben schneiden.
3. Die Paprika entstielen, entkernen, waschen und in mundgerechte Stücke schneiden.
4. Die Aubergine in Würfel schneiden.
5. Die Knoblauchzehe und Zwiebel abziehen und würfeln.
6. Das Öl in einem Topf erhitzen und das Fleisch, sowie die Knoblauch- und Zwiebelwürfel ca. 3 Minuten anbraten. Das restliche Gemüse dazu geben und weitere 3 Minuten mitbraten.
7. Alle Zutaten mit der Gemüsebrühe ablöschen und ca. 10 Minuten köcheln lassen.
8. Nach Belieben mit Salz und Pfeffer würzen und mit Thymian garniert servieren.

Zutaten

200 g Putenbrustfilet
300 ml Gemüsebrühe
2 Möhren
0,5 Aubergine
1 Paprika, rot
0,5 Knoblauchzehe
0,5 Zwiebel
2 TL Öl
1 TL Petersilie, gehackt
1 Thymianzweig

Gewürze

Salz
Pfeffer

414 kcal | 27 % | 37 % | 36 % | 7 g

MITTAGESSEN | 20-30 MINUTEN

Lachsforelleneintopf mit Kartoffel, Möhre und Dill

Zubereitung

1. Die Lachsforelle in mundgerechte Stücke schneiden.
2. Die Porreestange in Scheiben schneiden.
3. Die Kartoffel, Möhre, und den Kohlrabi schälen, waschen und in Würfel schneiden.
4. In einem Topf die Gemüsebrühe zum Kochen bringen, das zubereitete Gemüse dazu geben und ca.10 Minuten köcheln.
5. Den Eintopf mit Limettensaft, Salz und Pfeffer würzen, die Lachsstücke hinzufügen und weitere 5 Minuten köcheln.
6. Zum Schluss die saure Sahne unterrühren und den Eintopf mit Dillspitzen garniert servieren.

Zutaten

175 g Lachsforelle
300 ml Gemüsebrühe
1 Möhre
1 Kartoffel
0,5 Kohlrabi
50 g Porree
2 TL saure Sahne, 10 % Fett
1 TL Limettensaft
1 TL Dillspitzen

Gewürze

Salz
Pfeffer

Das Reduzieren der Brühe maximiert den Geschmack, da...
...der reine Wasseranteil verringert wird und der Geschmack so voll hervortritt.

494 kcal	22 %	39 %	39 %	10 g

MITTAGESSEN | 30-40 MINUTEN

Kokos-Curry-Suppe mit Schweinefleisch und Ananas

Zubereitung

1. Das Fleisch mit der Currypaste, der Hälfte des Öls und dem Currypulver vermengen, nach Geschmack mit Salz und Pfeffer würzen und etwas ziehen lassen. Die Paprika entkernen, waschen und in Streifen schneiden.

2. Die Ananas vierteln, entkernen, schälen und in Stücke schneiden.

3. Die Schalotte abziehen und in Würfel schneiden.

4. Eine beschichtete Pfanne erhitzen, das Fleisch 5 Minuten von allen Seiten scharf anbraten und dann heraus nehmen und ruhen lassen.

5. Die andere Hälfte des Öls in einem Topf erhitzen und die Schalottenwürfel mit dem Ingwer und den Paprikastücken 3 Minuten anbraten. Alles mit der Fleischbrühe und der Kokosmilch ablöschen, die Bohnen hinzufügen und 10 Minuten köcheln.

6. Danach das Fleisch, den Limettensaft und die Ananasstücke hinzufügen und noch 3 Minuten ziehen lassen.

7. Die Suppe in einem tiefen Teller anrichten und mit frischem Basilikum garniert servieren.

Zutaten

150 g Schweinegeschnetzeltes
50 g Ananas
1 Paprika, rot
100 g Brechbohnen
100 ml Kokosmilch, light
250 ml Fleischbrühe
1 Schalotte
0,5 TL Ingwer, gehackt
1 TL Currypaste, rot
2 TL Öl
1 EL Limettensaft

Gewürze

Salz
Pfeffer
0,5 TL Currypulver
Basilikumblätter

461 kcal	16 %	45 %	39 %	7 g

MITTAGESSEN | 20-30 MINUTEN

Hackfleischsuppe mit Lauch und Frühlingszwiebeln

Zubereitung

1. Den Lauch und die Frühlingszwiebeln putzen und in Ringe schneiden.

2. Das Öl in einem Topf erhitzen und das Hackfleisch ca. 5 Minuten anbraten, bis es seine Farbe verloren hat. Dabei regelmäßig umrühren und nach Geschmack mit Salz und Pfeffer würzen. Dann das Hackfleisch herausnehmen.

3. Die Lauch- und Frühlingszwiebelringe in dem gleichen Topf 2 Minuten anbraten. Mit der Gemüsebrühe ablöschen und 5 Minuten köcheln lassen.

4. Zum Schluss den Schmelzkäse, das Hackfleisch und die saure Sahne hinzufügen, gut verrühren und mit Salz, Pfeffer, Muskat und Curry abschmecken.

5. Die fertige Suppe mit Petersilie garniert servieren.

Zutaten

150 g Rinderhack, mager
2 Lauchstangen
2 Frühlingszwiebeln
350 ml Gemüsebrühe
50 g Schmelzkäse, 9 % Fett
20 g saure Sahne, 10 % Fett
1 TL Rapsöl

Gewürze

Salz
Pfeffer
Muskatnuss
Currypulver
Petersilie

Lauch enthält besonders viel Vitamin C, K sowie Folsäure...
...und hat dadurch eine hohe antioxidative Wirkung, weswegen er auch als Heilpflanze genutzt wird. So soll er die Nierentätigkeit anregen und dadurch entschlackend wirken.

411 kcal	22 %	52 %	26 %	8 g

Dillsuppe mit Huhn und Champignons

Zubereitung

1. Das Fleisch in mundgerechte Stücke schneiden.
2. Die Champignons putzen und in Scheiben schneiden.
3. Die Pastinake schälen, waschen und fein raspeln.
4. Die Zwiebel abziehen und klein würfeln.
5. Das Öl in einem Topf erhitzen und die Fleischstücke mit den Zwiebelwürfel und Pastinakenraspeln ca. 2 Minuten anbraten. Dann die Champignons hinzufügen und weitere 5-7 Minuten dünsten.
6. Anschließend die Brühe aufgießen, das Lorbeerblatt dazu geben und bei niedriger Temperatur ca. 10 Minuten köcheln lassen.
7. Zum Schluss die saure Sahne unterrühren und nach Geschmack mit Salz, Pfeffer und Essig würzen. Das Lorbeerblatt heraus nehmen und die Suppe mit Dill garniert servieren.

Zutaten

300 ml Gemüsebrühe
250 g Champignons
175 g Hühnerbrustfilet
1 Pastinake
0,5 Zwiebel
2 EL saure Sahne, 10 % Fett
1 TL Öl
1 EL Dillspitzen

Gewürze

Salz
Pfeffer
Weißweinessig
Lorbeerblatt

	436 kcal	27 %	49 %	24 %	9 g

Hähnchenfleischsuppe mit Möhren und Pastinake

Zubereitung

1. Das Fleisch in mundgerechte Stücke schneiden.
2. Die Zwiebel abziehen und klein würfeln.
3. Die Möhren und Pastinake schälen, waschen und ebenfalls würfeln.
4. Die Blättchen von dem Petersilienzweig abzupfen und grob hacken.
5. Das Öl in einem Topf erhitzen und die Fleischstücke und Zwiebelwürfel ca. 3 Minuten anbraten. Mit der Gemüsebrühe ablöschen, das Lorbeerblatt, die Möhren- und Pastinakenwürfel hinzufügen und alles 10 Minuten köcheln lassen.
6. Die Suppe mit Salz, Pfeffer, Paprikapulver und Zitronensaft abschmecken und mit der Petersilie garniert servieren.

Zutaten

400 ml Gemüsebrühe
200 g Hähnchenbrustfilet
3 Möhren
1 Pastinake
0,5 Zwiebel
1 Petersilienzweig
1 Lorbeerblatt
2 TL Öl
0,5 TL Zitronensaft

Gewürze

Salz
Pfeffer
Paprikapulver

Mehr Würze bekommen Sie in die Gerichte wenn Sie...
...die Stängel von Petersilie und Co. nicht wegschmeißen, sondern mit in das Essen geben und anschließend wieder herausnehmen.

Mittagessen	423 kcal	28 %	32 %	40 %	18 g

MITTAGESSEN | 10-20 MINUTEN

Omelett mit Artischocken

Zubereitung

1. Die Artischocken klein schneiden.
2. Die Pellkartoffel schälen und zerdrücken.
3. Die Eier mit den Eiklar, der Pellkartoffel und Milch in eine Schale geben, miteinander verquirlen und nach Geschmack mit Salz, Pfeffer und Muskat würzen.
4. Das Öl in einer Pfanne erhitzen, die Eimasse mit den Artischocken in die Pfanne geben und bei mittlerer Hitze nach 2 Minuten mit einem Pfannenheber aufreißen, damit die noch flüssige Eimasse auf den Pfannenboden laufen kann.
5. Anschließend 7 Minuten bei geringer Hitze mit geschlossenem Deckel stocken lassen.
6. Das fertige Omelett mit Thymianzweigen garniert servieren.

Zutaten

2 Eier
3 Eiklar
1 Pellkartoffel
2 EL Milch, 1,5 % Fett
150 g Artischocken, Glas
1 TL Rapsöl

Gewürze

Salz
Pfeffer
Muskat
Thymian

2003 wurde die Artischocke zur Arzneipflanze des Jahres...
...gewählt. Der herbe Geschmack kommt durch den Pflanzenstoff Cynarin zu Stande. Dieser soll sich positiv auf den Cholesterinspiegel auswirken und Herz-Kreislauf-Erkrankungen vorbeugen.

438 kcal	20 %	34 %	46 %	11 g

Zucchinimuffins mit Kürbiskernen, Sesam und Mozzarella

Zubereitung

1. Den Backofen auf 180 °C Umluft vorheizen.
2. Die Zwiebel und den Knoblauch abziehen und mit den Basilikumblättern in einem Mixer zerkleinern. Die Paprika entkernen, die Enden der Zucchini entfernen und beides ebenfalls im Mixer grob zerkleinern. Die Gemüsemischung in ein Sieb geben und das Wasser ausdrücken.
3. Das Gemüse 5 Minuten in einer beschichteten Pfanne andünsten und nach Geschmack mit Salz, Pfeffer und Muskatnuss würzen.
4. Den Mozzarella in kleine Stücke schneiden.
5. Das Ei mit den Flohsamenschalen verrühren. Den Quark hinzufügen und noch einmal gut verrühren. Dann die Kürbiskerne, Mozzarellastücke und das Gemüse aus der Pfanne unterheben.
6. Die fertige Masse in eine Muffin-Silikonform füllen, die Muffins mit Sesam garnieren und für 30 Minuten in den Backofen geben.

Zutaten

50 g Mozzarella, 45 % Fett
100 g Magerquark
1 EL Flohsamenschalen
0,5 Paprika, rot
1 Zucchini
1 Ei
0,5 Zwiebel
0,5 Knoblauchzehe
1 TL Sesamkörner
1 TL Kürbiskerne
5 Blätter Basilikum

Gewürze

Salz
Pfeffer
Muskatnuss

Sesamsamen schmecken leicht süßlich und nussig. Heller...
...Sesam hat einen milderen Geschmack als die dunkelbraunen Körner. Schwarzer Sesam ist im Geschmack am kräftigsten.

435 kcal	24 %	33 %	43 %	5 g

MITTAGESSEN | 20-30 MINUTEN

Käsemuffins mit Kräutern

Zubereitung

1. Den Ofen auf 180 °C Umluft vorheizen.
2. Die Zucchini fein raspeln oder im Mixer zerkleinern und das Wasser durch ein Sieb ausdrücken.
3. Die Schalotte schälen und würfeln.
4. Alle Zutaten in einer Schüssel zu einem Teig verrühren und nach Geschmack mit Salz, Pfeffer, Oregano und Petersilie würzen.
5. Den Teig in eine Muffin-Silikonform füllen und diese für ca. 20 Minuten in den Ofen geben.

Zutaten

250 g Zucchini
2 Eier
1 Eiklar
30 g ger. Gouda, light
20 g Dinkelvollkornmehl
1 Schalotte

Gewürze

Salz
Pfeffer
Oregano
Petersilie

Schon gewusst? Kräuter schneidet man besonders schnell...
...und einfach mit einem Pizzaschneider!

470 kcal	27 %	35 %	38 %	11 g

MITTAGESSEN | 5-10 MINUTEN

Erbsensalat mit Bohnen und Feta

Zubereitung

1. Den Feta in Würfel schneiden.
2. Die Bohnen und Erbsen in einem Sieb abspülen und abtropfen lassen.
3. Den Salat klein zupfen.
4. Die Zwiebel abziehen und in dünne Streifen schneiden.
5. Den Knoblauch abziehen und sehr fein würfeln.
6. Das Öl zusammen mit dem Balsamico, Orangensaft ,den Knoblauchwürfeln, Zwiebelstreifen und Kräutermix in einer Schale verrühren und mit Salz und Pfeffer nach Geschmack würzen.
7. Das Gemüse mit dem Salat und Feta anrichten, mit dem Dressing begießen und servieren.

Gewürze

150 g Feta, 9,5 % Fett
50 g Salat, nach Wahl
150 g Erbsen, Dose
200 g grüne Bohnen, Dose
0,5 Zwiebel, rot
0,5 Knoblauchzehe
2 EL Orangensaft
1 EL Balsamico, hell
1 TL Öl
1 EL Kräutermix

Gewürze

Salz
Pfeffer

410 kcal	24 %	23 %	52 %	6 g

Salat mit Rhabarber, Feta, Rosinen und Walnüssen

Zubereitung

1. Den Salat waschen, trocknen und klein zupfen.
2. Vom Rhabarber die äußeren Fasern abziehen und die Stangen in mundgerechte Stücke schneiden. Alternativ kann auch ein saurer Apfel genommen werden.
3. Den Feta zerbröseln.
4. Den Orangensaft mit dem Honig, Apfelessig und Öl in einer Schale verrühren und mit Salz und Pfeffer abschmecken.
5. Den Salat zusammen mit dem Rhabarber, Feta, den Rosinen und Walnüssen anrichten.
6. Anschließend mit dem Dressing begießen und servieren.

Zutaten

80 g Salat, nach Wahl
100 g Rhabarber
100 g Feta, 9 % Fett
1 EL Rosinen
1 EL Walnüsse, gehackt
1 EL Orangensaft
0,5 TL Honig
1 TL Öl
1 EL Apfelessig

Gewürze

Salz
Pfeffer

 475 kcal 28 % 33 % 39 % 8 g

Champignons mit Ricotta-Oregano-Füllung

Zubereitung

1. Den Backofen auf 180 °C Ober-/Unterhitze vorheizen.
2. Die Kartoffeln schälen, in Würfel schneiden, waschen und ca. 15 Minuten im Salzwasser kochen.
3. Die Stiele der Pilze entfernen und klein hacken.
4. Den Ricotta mit einem Esslöffel Parmesan und den klein gehackten Stielen in eine Schale geben und nach Geschmack mit Salz, Pfeffer, Zitronensaft und Oregano würzen.
5. Die Pilzunterseite mit etwas Olivenöl bepinseln, die Pilze mit der Ricottacreme befüllen und den restlichen Parmesan darüber verteilen. Die übrig gebliebene Creme später mit den Kartoffeln als Beilage servieren.
6. Die gefüllten Köpfe auf ein Backblech mit Backpapier geben und für ca. 15 Minuten in den Ofen schieben.
7. Die Pilze aus dem Ofen nehmen und mit frischer Petersilie garniert servieren.

Zutaten

300 g Champignons, groß
125 g Kartoffeln
300 g Ricotta, fettarm
3 EL Parmesan, gerieben
3 TL Olivenöl
1 EL Petersilie, gehackt
1 TL Zitronensaft

Gewürze

Salz
Pfeffer
Oregano

kcal	Kohlenhydrate	Eiweiß	Fett	Ballaststoffe
479 kcal	29 %	37 %	34 %	9 g

MITTAGESSEN | 20-30 MINUTEN

Brokkoli-Käse-Patties mit Currydip

Zubereitung

1. Den Backofen auf 180 °C Umluft vorheizen.
2. Den Brokkoli in kleine Röschen teilen und diese im Salzwasser 4 Minuten blanchieren. In der Zwischenzeit die Zwiebel abziehen, fein würfeln und in eine Schüssel geben.
3. Den abgetropften und abgekühlten Brokkoli hacken und zusammen mit dem Ei und dem Käse ebenfalls in die Schüssel geben.
4. Nun den Vollkorntoast stark toasten und anschließend fein zerbröselt in der Schüssel untermengen.
5. Die Masse mit Salz und Pfeffer nach Belieben abschmecken und das Mehl unterrühren.
6. Aus 2 Esslöffeln der Masse kleine flache Bällchen formen, auf ein Backblech mit Backpapier geben und platt drücken.
7. Die Patties im Backofen ca. 15 Minuten backen.
8. Für den Dip den Hüttenkäse mit dem Zitronensaft und der Petersilie in eine Schale geben, nach Geschmack mit Salz, Pfeffer und Curry würzen und gut verrühren. Dann zusammen mit den Patties servieren.

Zutaten

200 g Brokkoli
0,5 Zwiebel, rot
50 g Streukäse, light
1 Ei
0,5 Scheibe Vollkorntoast
1 EL Dinkelvollkornmehl
Salz
Pfeffer

Für den Dip

100 g Hüttenkäse, fettarm
1 TL Zitronensaft
1 EL Petersilie, gehackt
Curry

Ihr neues

ABENDESSEN

Ihre **REZEPTE**

Idealerweise nehmen Sie die Abendmahlzeit 2-3 Stunden vor dem Schlafen gehen ein. Überfällt Sie dennoch spät am Abend noch der Appetit, dann probieren Sie doch einmal Gemüsesticks mit herzhaftem Quark.

ABENDESSEN | 20-30 MINUTEN

Kabeljau mit Paprika und Lauchgemüse

Zubereitung

1. Die Paprika entstielen, entkernen und in mundgerechte Stücke schneiden. Den Lauch in Ringe schneiden.
2. Die Zwiebel schälen und in Würfel schneiden.
3. Das Öl in einer Pfanne erhitzen und das Gemüse 3 Minuten andünsten.
4. Den Kabeljau anschließend auf das Gemüse legen, den Senf hinzufügen und nach Geschmack mit Salz, Pfeffer, Koriander und Zitronensaft würzen. Dann die Pfanne mit einem Deckel schließen und alles bei niedriger Hitze 10 Minuten garen lassen. Nach Bedarf etwas Wasser oder Gemüsebrühe nachgießen.
5. Alles zusammen anrichten und mit Basilikumblättern und den Zitronenscheiben garniert servieren.

Zutaten

300 g Kabeljau
1 Paprika, rot
1 Paprika, gelb
1 Lauchstange
0,5 Zwiebel
1 TL Öl
0,5 TL Senf

Gewürze & Garnitur

Salz
Pfeffer
Koriander
Zitronensaft
Zitronenscheiben
Basilikumblätter

Die Zitrone – nicht nur stark für unser Immunsystem. Sie...
...regt auch die Produktion von Verdauungssekreten an. Deswegen hilft sie auch hervorragend bei Magen- und Darmbeschwerden.

449 kcal | 29 % | 56 % | 15 % | 16 g

ABENDESSEN | 10-20 MINUTEN

Riesengarnelen mit Gemüse

Zubereitung

1. Die Riesengarnelen unter klarem Wasser abspülen und trocknen.
2. Die Paprika entkernen, waschen und in mundgerechte Stücke schneiden.
3. Die Zuckerschoten waschen, abtropfen lassen, die Enden abschneiden und ebenfalls in mundgerechte Stücke schneiden.
4. Die Porreestange putzen und in Ringe schneiden.
5. Die Chilischote entkernen und klein schneiden.
6. Die Zwiebel schälen und in Würfel schneiden.
7. Das Öl in einer Pfanne erhitzen, die Zwiebelwürfel mit den Riesengarnelen 1 Minute scharf anbraten und dann mit der Fisch- und Sojasoße ablöschen.
8. Die Chilischotenstücke mit den Porreeringen, Cashewkernen, Paprika- und Zuckerschotenstücken sowie dem Mais hinzufügen und weitere 5 Minuten bei mittlere Hitze köcheln lassen. Dabei gelegentlich umrühren.
9. Alles zusammen anrichten, nach Belieben mit Salz und Pfeffer nachwürzen und servieren.

Zutaten

200 g Riesengarnelen
75 g Zuckerschoten
1 Paprika
0,5 Porreestange
1 EL Mais, aus der Dose
10 g Cashewkerne
0,25 Zwiebel
0,5 Chilischote, mild
1 EL Fischsoße
1 EL Sojasoße
1 TL Öl

Gewürze

Salz
Pfeffer

440 kcal	30 %	44 %	26 %	12 g

Rotbarschfilet mit Kartoffel, Zuckerschoten und Zucchini

Zutaten

250 g Rotbarschfilet
1 Kartoffel
1 Möhre
30 g Zuckerschoten
100 g Zucchini
0,5 Zwiebel
50 ml Gemüsebrühe
1 EL Zitronensaft
2 TL Öl
1 TL Schnittlauchringe
1 TL Petersilie, gehackt

Gewürze

Salz
Pfeffer

Zubereitung

1. Den Fisch mit Zitronensaft, Salz und Pfeffer würzen. Die Möhre schälen und in Scheiben schneiden.

2. Die Kartoffel schälen, waschen und grob würfeln. Im Salzwasser ca. 15 Minuten kochen. Nach der Hälfte der Zeit die Möhrenscheiben hinzufügen.

3. Die Zucchini in Scheiben schneiden. Die Enden der Zuckerschoten abschneiden. Die Zwiebel abziehen und klein würfeln.

4. Ein Teelöffel Öl in einer Pfanne erhitzen und den Fisch ca. 3 Minuten von jeder Seite anbraten. Dann herausnehmen und warm stellen.

5. Den zweiten Teelöffel Öl in der gleichen Pfanne erhitzenunddieZwiebelwürfel,Zucchinischeiben und Zuckerschoten ca. 5 Minuten dünsten. Anschließend die Gemüsebrühe, Kartoffelwürfel und Möhrenscheiben hinzufügen und weitere 3-4 Minuten bei niedriger Temperatur ziehen lassen. Alles mit Salz und Pfeffer nach Belieben würzen. Den Fisch in Stücke teilen und vorsichtig unterheben.

6. Die Gemüse-Fischpfanne mit Schnittlauch und Petersilie garniert servieren.

427 kcal | 24 % | 46 % | 30 % | 7 g

ABENDESSEN | 10-20 MINUTEN

Lachsfilet mit Feldsalat und Kirschtomaten

Zubereitung

1. Eine beschichtete Pfanne mit Öl einsprühen, erhitzen und den Lachs von jeder Seite jeweils 1 bis 2 Minuten scharf anbraten.
2. Mit der Hälfte vom Zitronensaft und etwas Wasser ablöschen, nach Geschmack mit Salz und Pfeffer würzen und bei mittlerer Hitze und geschlossenem Deckel weitere 4 Minuten garen lassen.
3. In der Zwischenzeit den Feldsalat waschen und trocknen. Die Kirschtomaten halbieren.
4. Für das Dressing den Honig mit dem Senf, Öl, der anderen Hälfte vom Zitronensaft, dem Balsamico und Dill in ein Schälchen geben, verrühren und nach Belieben mit Salz und Pfeffer abschmecken.
5. Den Salat anrichten, mit dem Dressing begießen, mit dem Lachs belegen und servieren.

Zutaten

150 g Lachsfilet
80 g Feldsalat
12 Kirschtomaten
2 TL Zitronensaft

Dressing

1 EL Balsamico, dunkel
1 TL Dill
1 TL Honig
0,5 TL Senf
1 TL Öl

Gewürze

Salz
Pfeffer

433 kcal	15 %	31 %	54 %	2 g

ABENDESSEN | 20-30 MINUTEN

Zoodles mit Zanderfilet und Senf-Zitronensoße

Zubereitung

1. Die Kartoffeln schälen, ca. 15 Minuten im Salzwasser kochen und anschließend warmhalten.
2. In der Zwischenzeit die Möhren schälen und mit einem Sparschäler oder Spiralschneider in Streifen schneiden.
3. Die Paprika entkernen, waschen und in Streifen schneiden. Die Zwiebel abziehen und in dünne Scheiben schneiden.
4. Das Öl in einer Pfanne erhitzen und das Zanderfilet von jeder Seite ca. 1 Minute anbraten. Dann den Thymianzweig auf das Filet geben, das Gemüse dazu geben und weitere 4 Minuten unter Wenden und Rühren braten. Nach Geschmack mit Salz und Pfeffer würzen.
5. In einem weiteren Topf die Brühe mit dem Senf und Zitronensaft kurz aufkochen lassen. Die saure Sahne dazugeben und mit Salz und Pfeffer abschmecken.
6. Nun die Soße mit den Kartoffeln, den Zoodles und dem Fisch anrichten und servieren.

Zutaten

250 g Zanderfilet
2 Möhren
1 Paprika, grün
0,5 Zwiebel
50 g Baby-Kartoffeln
1 TL Öl
1 Thymianzweig

Für die Soße

3 EL saure Sahne, 10 % Fett
1 TL Zitronensaft
3 EL Gemüsebrühe
1 TL Senf

Gewürze

Salz
Pfeffer

446 kcal | 24 % | 49 % | 27 % | 11 g

ABENDESSEN | 20-30 MINUTEN

Kabeljau mit Kürbis, Tomaten und Oliven

Zubereitung

1. Von den Petersilienzweigen die Blättchen abzupfen, klein hacken und die Stiele beiseitelegen.
2. Den Fisch mit einem Teelöffel Zitronensaft, Salz und Pfeffer würzen.
3. In einem Topf die Brühe zum Kochen bringen und den restlichen Zitronensaft und die Petersilienstiele hinzufügen. Das Kabeljaufilet hineinlegen und ca. 7-10 Minuten bei niedriger Temperatur köcheln lassen.
4. In der Zwischenzeit die Zwiebel und Knoblauchzehe abziehen und klein würfeln.
5. Die Tomaten und den Kürbis grob würfeln und die Oliven halbieren.
6. Das Öl in einer Pfanne erhitzen und die Kürbiswürfel ca. 3 Minuten andünsten. Dann das restliche Gemüse dazu geben und weitere 5 Minuten dünsten. Anschließend mit Salz, Pfeffer und Zimt nach Belieben würzen und die Petersilie unterheben.
7. Den Fisch mit dem Pfannengemüse anrichten und servieren.

Zutaten

250 g Kabeljau
200 ml Gemüsebrühe
200 g Kürbis
2 Tomaten
8 Oliven, schwarz
0,5 Zwiebel
0,5 Knoblauchzehe
2 TL Zitronensaft
3 Petersilienzweige
1 TL Öl

Gewürze

Salz
Pfeffer
Zimt

411 kcal 23 % 50 % 27 % 8 g

Zucchini-Möhren-Zoodles mit Huhn und Erdnusssoße

Zubereitung

1. Die Zucchini und Möhren mit einem Spiralschneider oder Sparschäler in feinen Streifen schneiden.
2. Das Hühnerbrustfilet ebenfalls in feine Streifen schneiden.
3. Die Champignons in Scheiben schneiden.
4. Den Knoblauch abziehen und in kleine Würfel schneiden.
5. Das Öl in einer Pfanne erhitzen und die Hühnerstreifen mit den Champignonscheiben ca. 3 Minuten anbraten.
6. Die Knoblauchwürfel, Currypaste, Zucchini- und Möhrenstreifen dazu geben und weitere 3 Minuten braten.
7. Zum Schluss die Gemüsebrühe, Erdnussbutter und Sojasoße in die Pfanne geben. Nach Geschmack mit Salz, Pfeffer und Koriander abschmecken, gut verrühren und dann die Zoodles servieren.

Zutaten

200 g Hühnerbrustfilet
1 Zucchini
2 Möhren, gelb
50 g Champignons
1 TL Erdnussbutter
5 EL Gemüsebrühe
0,5 Knoblauchzehe
1 TL Öl
1 TL Currypaste, gelb
1 EL Sojasoße

Gewürze

Salz
Pfeffer
Koriander

486 kcal | 16 % | 51 % | 33 % | 9 g

ABENDESSEN | 20-30 MINUTEN

Putenbruststeak mit Kirschtomaten und Parmesan

Zubereitung

1. Den Backofen auf 160 °C Ober-/Unterhitze vorheizen.
2. Die Champignons putzen und zusammen mit den Tomaten halbieren.
3. Die Zwiebel und Knoblauchzehe abziehen und würfeln.
4. Das Öl in einer Pfanne erhitzen und die Putenbrust von beiden Seiten je 2 Minuten anbraten. Mit Salz und Pfeffer nach Geschmack würzen, den Thymianzweig darauflegen und das Fleisch dann in Alufolie einwickeln.
5. In dieselbe Pfanne die Champignons, Zwiebel- und Knoblauchwürfel geben und ca. 2 Minuten anbraten. Dann die Tomaten dazu geben und weitere 3 Minuten braten. Mit Salz, Pfeffer und Balsamico nach Belieben abschmecken.
6. Anschließend das Steak aus der Folie herausnehmen, mit dem Gemüse aus der Pfanne belegen und mit Parmesan bestreuen. Auf der oberen Stufe des Backofens ca. 2-3 Minuten überbacken und mit Petersilie garniert servieren.

Zutaten

250 g Putenbrust
150 g Champignons
20 g Parmesan
10 Kirschtomaten
0,5 Zwiebel
0,5 Knoblauchzehe
1 TL Öl
1 Thymianzweig
1 TL Petersilie, gehackt

Gewürze

Salz
Pfeffer
Balsamico, dunkel

448 kcal	8 %	66 %	26 %	5 g

Zoodles mit Fenchel, Huhn und mediterraner Tomatensoße

Zutaten

1 Zucchini
200 g Hühnerbrustfilet
1 Fenchelstange
250 g Tomaten, aus der Dose
1 Schalotte
1 TL Parmesan
1 TL Rapsöl
1 EL Tomatenmark
0,5 Knoblauchzehe
1 EL Basilikum, geschnitten

Gewürze

Salz
Pfeffer
Chili
italienische Kräuter
Brühe, gekörnt
Zitronensaft

Zubereitung

1. Das Hühnerbrustfilet waschen, trocknen und in kleine, mundgerechte Stücke schneiden. Nach Geschmack mit Salz, Pfeffer und Zitronensaft würzen.

2. Das Öl in einer großen Pfanne erhitzen und die Hühnerstücke unter stetigem Wenden ca. 4 Minuten anbraten. Danach heraus nehmen und warm stellen.

3. Den Fenchel in dünne Scheiben schneiden.

4. Die Schalotte und den Knoblauch abziehen und fein würfeln. Dann mit dem Tomatenmark 2 Minuten in der Pfanne andünsten.

5. Die Tomaten, Basilikumblätter und Fenchelscheiben hinzufügen und unter stetigem Rühren ca. 7 Minuten auf geringerer Hitze köcheln lassen. Nach Geschmack mit Salz, Pfeffer, gekörnter Brühe und den italienischen Kräutern würzen.

6. In der Zwischenzeit die Zucchini mit einem Sparschäler oder Spiralschneider zu Zoodles verarbeiten. Mit dem Huhn hinzufügen und noch 2 Minuten köcheln lassen. Dann mit den Basilikumblättern und dem Parmesan garniert servieren.

453 kcal	19 %	63 %	18 %	8 g

Hähnchenpfanne mit Paprika und Erbsen

Zubereitung

1. Das Fleisch in mundgerechte Stücke schneiden.
2. Die Paprika entstielen, entkernen, waschen und grob würfeln. Die Zwiebel und Knoblauchzehe abziehen und ebenfalls würfeln.
3. Die Erbsen in einem Sieb abspülen und abtropfen lassen.
4. Das Öl in einer tiefen Pfanne erhitzen und die Fleischstücke, Zwiebel- und Knoblauchwürfel ca. 5 Minuten anbraten. Dann heraus nehmen mit dem Zitronensaft begießen und warm stellen.
5. Die Paprikawürfel in die Pfanne geben und 3 Minuten andünsten. Mit der Gemüsebrühe und der Sojasoße ablöschen, die Erbsen hinzufügen und noch 2-3 Minuten köcheln lassen, bis die gewünschte Bissfestigkeit erreicht ist.
6. Zum Schluss die Hähnchenstücke hinzufügen, alles nach Belieben mit Salz, Pfeffer, Chili und Curry abschmecken und mit der Petersilie garniert servieren.

Zutaten

250 g Hähnchenfilet
50 g Erbsen, Dose
1 Paprika, rot
0,5 Paprika, gelb
0,5 Zwiebel
0,5 Knoblauchzehe
80 ml Gemüsebrühe
1 TL Öl
1 TL Zitronensaft
1 EL Sojasoße
1 TL Petersilie, gehackt

Gewürze

Salz
Pfeffer
Chili
Curry

432 kcal | 22 % | 62 % | 16 % | 11 g

ABENDESSEN | 30-40 MINUTEN

Gefüllte Paprika mit Putenbrust, Erbsen und Krautsalat

Zubereitung

1. Den Backofen auf 200 °C Ober-/Unterhitze vorheizen. Die Paprika halbieren, entkernen und waschen. Die Möhre schälen und in Würfel schneiden.
2. Die Putenbrust in Streifen schneiden und mit Salz und Pfeffer würzen. Die Erbsen abspülen.
3. Das Öl in einer Pfanne erhitzen und die Putenstreifen gleichmäßig 4 Minuten anbraten. Die Möhrenwürfel, Erbsen, Gemüsebrühe und das Tomatenmark dazugeben und 3 Minuten mitbraten.
4. Den Pfanneninhalt in die Paprika geben. Den Mozzarella in Scheiben schneiden und die Paprika damit belegen. Anschließend in eine Auflaufform geben und für 20 Minuten in den vorgeheizten Backofen schieben.
5. In der Zwischenzeit den Strunk vom Weißkohl entfernen, die ersten Blätter entsorgen und die restlichen in Streifen schneiden. Zusammen mit den Zwiebelwürfeln, Öl, Balsamico, Honig und Kümmelkörnern in eine Schale geben und alles mit den Händen durchkneten. Zum Schluss den Krautsalat mit Salz und Pfeffer abschmecken und die gefüllte Paprika mit dem Krautsalat auf einem Teller servieren.

Zutaten

150 g Putenbrustfilet
150 g Weißkohl
1 Möhre
1 Paprika
40 g Erbsen, aus der Dose
40 g Mozzarella, 45 % Fett
0,5 Zwiebel, gewürfelt
20 ml Gemüsebrühe
1 TL Tomatenmark
2 EL Balsamico, hell
1 TL Öl
0,5 TL Honig

Gewürze

Salz
Pfeffer
Kümmelkörner

481 kcal | 30 % | 42 % | 28 % | 14 g

ABENDESSEN | 20-30 MINUTEN

Hähnchenpfanne mit Paprika und Zuckerschoten

Zubereitung

1. Das Hähnchenbrustfilet in mundgerechte Stücke schneiden und nach Geschmack mit Salz, Pfeffer und Paprika würzen. Die Maiskölbchen in kleine Stücke schneiden.

2. Die Knoblauchzehe und Schalotte abziehen und klein würfeln. Die Paprika entkernen, waschen und in Streifen schneiden. Die Enden der Zuckerschoten abschneiden und waschen. Die Champignons putzen und vierteln.

3. Das Erdnussöl mit der Teriyaki Soße in einem Wok oder einer großen beschichteten Pfanne erhitzen, das Hähnchenbrustfilet 5 Minuten scharf anbraten, heraus nehmen und warm stellen.

4. In der gleichen Pfanne die Knoblauch- und Zwiebelwürfel mit den Paprikastreifen, Champignons und Zuckerschoten 5 Minuten dünsten.

5. Dann mit der Hühnerbrühe und Sojasoße ablöschen, die Maiskölbchen, Sojasprossen und den Honig hinzufügen, alles nach Geschmack mit Pfeffer und Paprikapulver würzen und noch kurz köcheln lassen. Zum Schluss die gerösteten Sesamkörner und das Fleisch dazu geben und alles servieren.

Zutaten

200 g Hähnchenbrustfilet
30 g Maiskölbchen, Glas
30 g Sojasprossen, Glas
100 g Champignons
50 g Zuckerschoten
0,5 Paprika, rot und grün
0,5 Schalotte
0,5 Knoblauchzehe
50 ml Hühnerbrühe
1 TL Teriyaki Soße
1 TL Sesamkörner
1 EL Sojasoße
1 TL Erdnussöl
0,5 TL Honig

Gewürze

Salz
Pfeffer
Paprikapulver

442 kcal | 24 % | 55 % | 21 % | 11 g

ABENDESSEN | 50-60 MINUTEN

Auberginen-Tomaten-Auflauf mit Rinderhack

Zubereitung

1. Den Backofen auf 200 °C Ober-/Unterhitze vorheizen.
2. Die Tomaten waschen und in Stücke schneiden. Die Knoblauchzehe und Zwiebel abziehen und in Würfel schneiden.
3. Eine beschichtete Pfanne erhitzen und mit etwas Öl einpinseln. Die Knoblauch- und Zwiebelwürfel zusammen mit dem Rinderhack ca. 5 Minuten anbraten. Die Tomatenstücke und das Tomatenmark hinzufügen, verrühren und nach Geschmack mit Salz, Pfeffer, Chili und Oregano würzen.
4. Die Aubergine in 0,5 cm dicke Scheiben schneiden und salzen.
5. Die Gemüsebrühe mit dem Frischkäse verrühren und nach Geschmack mit Salz, Pfeffer und Chili würzen.
6. Das Hackfleisch in die Auflaufform geben, die Auberginenscheiben mit der Soße hinzufügen und alles mit dem Mozzarella bestreuen.
7. Den Auflauf für 30 Minuten in den Backofen schieben und dann servieren.

Zutaten

150 g Rinderhack, mager
0,5 Aubergine
70 ml Gemüsebrühe
50 g Frischkäse, 5 % Fett
30 g Mozzarella, gerieben
3 Tomaten
0,5 Zwiebel
1 EL Tomatenmark
1 Knoblauchzehe

Gewürze

Salz
Pfeffer
Chili
Oregano

460 kcal	21 %	47 %	32 %	8 g

Rindfleisch mit Sauerkraut

Zubereitung

1. Das Rindfleisch in gleich große Stücke schneiden.
2. Die Schalotte abziehen und würfeln.
3. Das Öl in einer beschichteten Pfanne erhitzen. Die Rindfleischstücke mit den Schalotten- und Schinkenwürfeln hinzugeben und bei mittlerer Hitze 3-4 Minuten anbraten, bis das Fleisch leicht braun geworden ist. Dann mit der Rinderbrühe ablöschen und bei mittlerer Hitze noch ca. 25 Minuten köcheln lassen.
4. Das Sauerkraut zum Rindfleisch geben und noch ca. 30 Minuten köcheln.
5. Dabei regelmäßig umrühren und nach Geschmack mit Salz, Pfeffer, Kümmel und Paprikapulver würzen.

Zutaten

200 g Rindfleisch, Schulter
250 g Sauerkraut, abgetropft
50 g Schinkenwürfel, fettarm
100 ml Rinderbrühe
1 Schalotte
1 TL Öl

Gewürze

Salz
Pfeffer
Kümmel
Paprikapulver

Fleisch bleibt beim Anbraten saftiger wenn die Kern-...
...temperatur nicht über 60 °C ansteigt. Am besten mit einem Thermometer messen.

478 kcal | 8 % | 45 % | 47 % | 6 g

ABENDESSEN | 30-40 MINUTEN

Rindfleisch süß-sauer mit Paprika und Tomaten

Zubereitung

1. Die Paprika entkernen, waschen und in Stücke schneiden.
2. Die Zwiebel abziehen und in Würfel schneiden. Die Tomaten in Würfel schneiden.
3. Das Rindfleisch ebenfalls in Würfel schneiden.
4. Die Hälfte des Öls in einer Pfanne erhitzen und das Rindfleisch von allen Seiten 4-5 Minuten scharf anbraten, aus der Pfanne nehmen und warm halten.
5. Das restliche Öl in die Pfanne geben und die Zwiebelwürfel, den Ingwer und die Paprikastücke 3 Minuten anbraten. Dann die Fleischbrühe mit den Tomatenwürfeln, dem Tomatenmark, Zitronensaft, Honig und der Sojasoße hinzufügen und noch 5 Minuten köcheln lassen.
6. Das Rindfleisch wieder dazugeben, unterrühren und nach Belieben mit Salz, Pfeffer und Curry würzen.

Zutaten

150 g Rinderhüftsteak
1 Paprika, rot
1 Paprika, grün
2 Tomaten
0,5 Zwiebel
50 ml Fleischbrühe
1 EL Sojasoße
1 EL Tomatenmark
0,5 TL Honig
2 TL Sesamöl
1 TL Zitronensaft
0,5 TL Ingwer, gehackt

Gewürze

Salz
Pfeffer
Curry

442 kcal | 30 % | 36 % | 34 % | 14 g

ABENDESSEN | 30-40 MINUTEN

Rindfleischpfanne mit Brokkoli und Blumenkohl

Zubereitung

1. Das Rinderfilet (alternativ Rinderhüfte) in mundgerechte Stücke schneiden. Den Knoblauch abziehen und in feine Würfel schneiden. Die Knoblauchwürfel zusammen mit der Sojasoße als Marinade über das Fleisch geben und ziehen lassen.

2. Die Prinzessbohnen waschen und die Enden abschneiden. Die Möhren schälen und in Scheiben schneiden.

3. Die Röschen vom Brokkoli und Blumenkohl trennen, waschen und zusammen mit den Prinzessbohnen und Möhrenscheiben 5 Minuten in kochendes Salzwasser geben. Danach in ein Sieb geben und abtropfen lassen. In der Zwischenzeit die Zwiebel abziehen und würfeln.

4. Die Hälfte des Öls in einer Pfanne erhitzen und die Zwiebelwürfel mit dem Fleisch und der Marinade 4 Minuten scharf anbraten. Anschließend herausnehmen und warmhalten.

5. Die andere Hälfte des Öls in der Pfanne erhitzen und das Gemüse für 2 Minuten scharf anbraten. Danach mit der Gemüsebrühe ablöschen und nach Belieben mit Salz und Pfeffer würzen.

6. Abschließend das Fleisch hinzufügen, kurz erwärmen und servieren.

Zutaten

200 g Rinderfilet
100 g Brokkoli
100 g Blumenkohl
100 g Prinzessbohnen,
150 ml Gemüsebrühe
2 Möhren
0,5 Zwiebel
0,5 Knoblauchzehe
2 TL Öl
1 EL Sojasoße

Gewürze

Salz
Pfeffer

470 kcal | 20 % | 46 % | 34 % | 13 g

Rindfleischstreifen mit Brokkoli und Paprika

Zubereitung

1. Das Rinderfilet (alternativ Rinderhüfte) in gleich große Streifen schneiden und mit Salz und Pfeffer würzen.

2. Die Röschen vom Brokkoli lösen und waschen. Die Champignons in Scheiben schneiden.

3. Die Paprika entkernen, waschen und in Streifen schneiden. Die Knoblauchzehe und die Zwiebel schälen und in kleine Würfel schneiden.

4. Die Chilischote halbieren, die Kerne entfernen und in feine Streifen schneiden.

5. Das Öl in einer Pfanne erhitzen und die Knoblauch- und Zwiebelwürfel mit dem Ingwer, den Chilischoten- und Rindfleischstreifen 3 Minuten scharf anbraten. Dann heraus nehmen und warm stellen.

6. Das Gemüse in die Pfanne geben und 2 Minuten anbraten. Dann mit der Gemüsebrühe ablöschen und köcheln lassen, bis die gewünschte Bissfestigkeit erreicht ist.

7. Zum Schluss das Rindfleisch hinzufügen, alles nach Geschmack mit Salz, Pfeffer und Paprikapulver abschmecken und servieren.

Zutaten

200 g Rinderfilet
200 g Brokkoli
200 g Champignons
100 ml Gemüsebrühe
1 Paprika, gelb
0,5 Zwiebel
0,5 Knoblauchzehe
1 Chilischote, mild
1 TL Öl
5 g Ingwer, gehackt

Gewürze

Salz
Pfeffer
Paprikapulver

462 kcal | 21 % | 51 % | 28 % | 16 g

ABENDESSEN | 20-30 MINUTEN

Hackfleischpfanne mit Ei, Paprika und Tomaten

Zubereitung

1. Die Zwiebel und Knoblauchzehe schälen und in Würfel schneiden.
2. Die Paprika entkernen, waschen und ebenfalls in Würfel schneiden.
3. Die getrockneten Tomaten in kleine Stücke schneiden.
4. Das Öl in einer Pfanne erhitzen und die Paprika-, Zwiebel- und Knoblauchwürfel 2 Minuten anbraten. Das Hackfleisch, die getrockneten Tomatenstücke und das Tomatenmark hinzufügen, alles mit Salz, Pfeffer, Paprikapulver und Chili nach Geschmack würzen und 4-5 Minuten anbraten, bis es seine Farbe verloren hat. Dabei regelmäßig umrühren und anschließend die passierten Tomaten hinzufügen.
5. Bei mittlerer Hitze ein Loch in der Pfannenmitte freilegen, das Ei hineingeben und bei geschlossenem Deckel 5 Minuten garen lassen.
6. Das Essen ist fertig sobald das Ei gestockt ist, bzw. es die gewünschte Konsistenz erreicht hat.
7. Zum Schluss die Hackfleischpfanne mit Thymian und Basilikum garniert servieren.

Zutaten

150 g Rinderhackfleisch, mager
150 ml passierte Tomaten
1 Ei
1 Paprika, rot
0,5 Zwiebel
0,5 Knoblauchzehe
1 TL Rapsöl
2 Tomaten, getrocknet
1 EL Tomatenmark

Gewürze

Salz
Pfeffer
Basilikum
Thymian
Paprikapulver
Chili

486 kcal | 21 % | 40 % | 39 % | 10 g

Auflauf mit Hackfleisch, Paprika, Tomaten und Rosenkohl

Zubereitung

1. Den Rosenkohl für 5 Minuten in kochendes Salzwasser geben. Den Backofen auf 180 °C Ober-/Unterhitze vorheizen.

2. Die Paprika entkernen, waschen und in Stücke schneiden. Die Tomaten achteln. Die Knoblauchzehe und Zwiebel abziehen und in Würfel schneiden.

3. Eine beschichtete Pfanne erhitzen, mit etwas Öl einpinseln und das Hackfleisch mit den Zwiebel und Knoblauchwürfeln 3 Minuten anbraten. Dabei regelmäßig mit einer Gabel das Hackfleisch zerdrücken und umrühren. Die Paprikastücke dazugeben, bei mittlerer Hitze 2 weitere Minuten anbraten und dabei regelmäßig umrühren.

4. Anschließend die Gemüsebrühe und den Frischkäse hinzufügen, alles nach Geschmack mit Salz, Pfeffer, Chili und Muskatnuss würzen und 3 Minuten köcheln lassen.

5. Den gegarten Rosenkohl abgießen und zusammen mit der Hackfleisch-Gemüse-Masse in eine Auflaufform geben und die Tomaten darüber verteilen. Den Mozzarella über dem Auflauf verteilen und diesen für 30 Minuten in den Backofen schieben.

Zutaten

100 g Rinderhackfleisch, mager
1 Paprika, rot
100 g Rosenkohl
2 Tomaten
50 g Mozzarella, 45 %, gerieben
25 g Frischkäse, 5 % Fett
60 ml Gemüsebrühe
0,5 Knoblauchzehe
0,5 Zwiebel

Gewürze

Salz
Pfeffer
Chili
Muskatnuss

447 kcal | 26 % | 40 % | 34 % | 13 g

ABENDESSEN | 20-30 MINUTEN

Bohneneintopf mit Chorizo und Paprika

Zubereitung

1. Die Zwiebel schälen und fein würfeln.

2. Die Bohnen in einem Sieb mit Wasser abspülen und abtropfen lassen.

3. Die Paprika entstielen, entkernen, waschen und in mundgerechte Stücke schneiden.

4. Die Chorizo in Scheiben schneiden.

5. Das Öl in einer beschichteten Pfanne erhitzen und die Zwiebelwürfel mit den Paprikastücken 3 Minuten anbraten. Anschließend die Gemüsebrühe, mit den Chorizoscheiben, dem Tomatenmark und den Bohnen dazugeben, alles zusammen 10 Minuten auf kleiner Stufe schmoren lassen und nach Geschmack mit Salz, Pfeffer und Petersilie würzen.

Zutaten

125 g weiße Bohnen, Dose
300 ml Gemüsebrühe
60 g Chorizo
1 Paprika, rot
0,5 Zwiebel
1 TL Olivenöl
1 TL Tomatenmark

Gewürze

Salz
Pfeffer
Petersilie, gehackt

Die Chorizo ist spanischen Ursprungs und zählt zu den...
...beliebtesten und bekanntesten Wurstsorten Spaniens.

461 kcal	30 %	21 %	49 %	14 g

ABENDESSEN | 10-20 MINUTEN

Vitello Tonnato mit Salat

Zubereitung

1. Den Thunfisch abtropfen lassen und mit den Sardellen in einen Mixer geben oder wahlweise mit dem Stabmixer pürieren.
2. Dann die Salatmayonnaise, den Frischkäse und die Kapern unterrühren und mit dem Zitronensaft, Salz und Pfeffer abschmecken. Nach Bedarf mit etwas Wasser verdünnen.
3. Die Möhren raspeln, die Tomaten vierteln und den Salat in mundgerechte Stücke zupfen. Den Salat anrichten, mit dem Öl und der Balsamico Creme begießen und nach Geschmack mit Salz und Pfeffer würzen.
4. Den Aufschnitt daneben anrichten und darauf die Thunfischcreme verteilen.

Zutaten

150 g Schweinebraten
100 g Thunfisch, in Eigensaft
2 Sardellen
60 g Salat, nach Wahl
10 Kirschtomaten
2 Möhren
2 EL Salatmayonnaise, 5 % Fett
2 EL Frischkäse, 5 % Fett
2 TL Kapern
1 TL ÖL
1 TL Zitronensaft

Gewürze

Salz
Pfeffer
Balsamico Creme, dunkel
Zitronensaft

Sardellen haben einen hohen Anteil an den gesunden...
...Omega-3-Fettsäuren DHA und EPA, diese sind besonders gut fürs Gehirn.

444 kcal | 18 % | 54 % | 26 % | 6 g

ABENDESSEN | + 60 MINUTEN

Schweinegulasch mit Kürbis, Curry und Petersilie

Zubereitung

1. Die Schalotte schälen und fein würfeln.
2. Das Öl in einem Topf erhitzen und die Schalottenwürfel 1 Minute dünsten. Das Schweinegulasch dazugeben und rundherum 5 Minuten anbraten. Dann mit der Gemüsebrühe ablöschen und bei geschlossenem Deckel ca. 60 Minuten köcheln lassen. Zwischendurch bei Bedarf Flüssigkeit hinzufügen.
3. In der Zwischenzeit den Kürbis schälen und in mundgerechte Stücke schneiden. Nach 40 Minuten Kochzeit die Kürbisstücke zu dem Gulasch geben und alles nach Geschmack mit Salz, Pfeffer, Kurkuma, Kreuzkümmel und Curry würzen.
4. Wenn das Fleisch und der Kürbis weich sind, die Sahne unterrühren und das Gulasch mit der Petersilie garniert servieren.

Zutaten

250 g Schweinegulasch
300 g Kürbis
2 EL Schlagsahne, 30 % Fett
300 ml Gemüsebrühe
1 Schalotte
1 TL Öl
1 TL Petersilie, gehackt

Gewürze

Salz
Pfeffer
Kurkuma
Kreuzkümmel
Curry

408 kcal	19 %	65 %	16 %	7 g

ABENDESSEN | 20-30 MINUTEN

Schweinemedaillons im Speckmantel

Zubereitung

1. Das Fleisch in ca. 3-4 cm dicke Medaillons schneiden. Jedes Stück mit dem Bacon umwickeln, mit einem Zahnstocher fixieren und beiseitelegen.

2. Vom Spargel das untere Drittel abschneiden.

3. Das Öl in einer Pfanne erhitzen, die Medaillons ca. 3-4 Minuten von beiden Seiten anbraten, heraus nehmen und warm stellen.

4. In derselben Pfanne den Spargel und die Tomaten 1 Minute scharf anbraten. Dann mit der Gemüsebrühe und dem Balsamico ablöschen und noch 3 Minuten dünsten.

5. Das Fleisch mit dem Gemüse anrichten, mit Salz und Pfeffer nach Belieben würzen und mit Schnittlauch garniert servieren.

Zutaten

250 g Schweinefilet
10 Kirschtomaten
4 Scheiben Bacon, fettarm
250 g Spargel, grün
30 ml Gemüsebrühe
2 TL Öl
1 EL Balsamico, hell

Gewürze

Salz
Pfeffer, rot & schwarz
Schnittlauch

Fleischgerichte gelingen besser wenn das Fleisch...
...Zimmertemperatur hat und nicht direkt aus dem Kühlschrank in der Pfanne landet.

433 kcal | 13 % | 63 % | 24 % | 5 g

Schweinefleisch mit Ingwer, Lauch und Paprika

Zubereitung

1. Das Fleisch in mundgerechte Stücke schneiden und nach Geschmack mit Salz und Pfeffer würzen.

2. Den Lauch längs halbieren und klein schneiden. Den Knoblauch und Ingwer schälen und fein würfeln.

3. Die Möhre und Pastinake schälen. Die Paprika entkernen und waschen. Das Gemüse in dünne Streifen schneiden.

4. Das Öl in einer tiefen Pfanne erhitzen und die Fleischstücke mit den Knoblauch- und Ingwerwürfeln ca. 3 Minuten anbraten. Dann das Fleisch heraus nehmen und warm stellen.

5. Das vorbereitete Gemüse mit der Zitronengraspaste in der gleichen Pfanne 3 Minuten andünsten. Mit der Brühe ablöschen, die Hälfte der Petersilie dazugeben und bei niedriger Temperatur noch ca. 5 Minuten köcheln lassen, bis die gewünschte Bissfestigkeit erreicht ist.

6. Das Fleisch hinzufügen, alles nach Geschmack mit Salz, Pfeffer und Chiliflocken würzen und mit der restlichen Petersilie garniert servieren.

Zutaten

200 g Schweinefilet
100 ml Gemüsebrühe
50 g Lauch
5 g Ingwer, frisch
1 Möhre
1 Pastinake
1 Paprika
1 TL Öl
0,5 Knoblauchzehe
2 TL Petersilie, gehackt
0,5 TL Zitronengraspaste

Gewürze

Salz
Pfeffer
Chiliflocken

415 kcal	30 %	54 %	16 %	11 g

ABENDESSEN | 20-30 MINUTEN

Grüne Spätzle mit Schinkenrahm

Zubereitung

1. Tipp: Eine besonders schöne grüne Farbe der Spätzle erhalten Sie mit einem Esslöffel Spinatpulver.
2. Die Eier mit dem Magerquark, Mehl und der Petersilie in eine Schale geben und verrühren. Nach Geschmack mit Salz und Pfeffer würzen.
3. Den Teig portionsweise auf ein Brettchen geben. Mit einem Schaber oder einem Messerrücken den Teig in kleine Spätzle teilen.
4. Die Spätzle so lange in kochendes Salzwasser geben, bis sie oben schwimmen.
5. Die Frühlingszwiebel und den Schinken in Ringe bzw. feine Streifen schneiden.
6. Eine Pfanne ohne Öl erhitzen, die Zwiebelringe mit dem Schinken kurz anschwitzen und dann mit der sauren Sahne vermengen.
7. Den Pfanneninhalt mit dem geriebenen Käse auf die Spätzle geben und anrichten.

Zutaten

100 g Magerquark
2 EL saure Sahne, 10 % Fett
100 g Schinken, gekocht
1 EL Johannisbrotkernmehl
2 Eier
1 EL Streukäse, light
1 Frühlingszwiebel
2 EL Petersilie, gehackt

Gewürze

Salz
Pfeffer

Johannisbrotkernmehl ist ein natürliches Verdickungs- und...
...Bindemittel. In heißem Wasser löst es sich auf und im kalten Wasser quillt es auf.

453 kcal	11 %	49 %	40 %	12 g

Omelett mit Paprika und grünen Bohnen

Zubereitung

1. Die Paprika entkernen, waschen und in kleine Stücke schneiden.
2. Die Bohnen in einem Sieb abspülen.
3. Die Schalotte schälten und in kleine Würfel schneiden.
4. Die Eier mit den Eiklar verquirlen und nach Geschmack mit Salz und Pfeffer würzen.
5. Das Öl in einer Pfanne erhitzen und die Schalottenwürfel mit den Paprikastücken 2 Minuten anbraten und dabei regelmäßig umrühren. Dann die Bohnen und die Eimasse hinzufügen und alles bei geringer Hitze und geschlossenem Deckel 8 Minuten garen, bis die Eimasse gestockt ist.
6. Das fertige Omelett anrichten und mit den Schnittlauchröllchen garnieren und servieren.

Zutaten

3 Eier
2 Eiklar
100 g grüne Bohnen, Dose
1 Paprika, rot
1 TL Rapsöl
0,5 Schalotte
1 EL Schnittlauchröllchen

Garnitur

Salz
Pfeffer

Grüne Bohnen sollten grundsätzlich etwa 8 min gegart...
...werden. Erst durch das Kochen wird der giftige Eiweißstoff Phasin zerstört, der in den rohen Bohnen enthalten ist.

460 kcal | 18 % | 31 % | 51 % | 8 g

ABENDESSEN | 5-10 MINUTEN

Tomaten-Fetasalat mit Radieschen und Honigmelone

Zubereitung

1. Die Tomaten vierteln und die Radieschen klein schneiden. Die Zwiebel schälen und in Würfel schneiden.

2. Die Honigmelone halbieren und entkernen. Dann in Achtel schneiden, schälen und das Fruchtfleisch in mundgerechte Stücke schneiden. Den Feta zerbröseln.

3. Für das Dressing den Balsamico mit dem Öl, Honig, Senf, Orangensaft und dem Dill in einer Schale verrühren. Anschließend mit Salz und Pfeffer abschmecken.

4. Das Gemüse mit dem Feta und der Honigmelone anrichten, das Dressing über den Salat gießen und mit Dill garniert servieren.

Zutaten

150 g Kirschtomaten
80 g Radieschen
100 g Honigmelone
200 g Feta, 9 % Fett
0,25 Zwiebel

Dressing

1 EL Balsamico
1 TL Öl
0,5 TL Honig
0,5 TL Senf
1 EL Dill, gehackt
2 EL Orangensaft

Garnitur

Salz
Pfeffer

Honig sollte man nicht im Kühlschrank aufbewahren. In...
...der kalten Umgebung verändert Honig seine Konsistenz, der Zucker setzt sich ab und wird sichtbar.

488 kcal | 21 % | 35 % | 44 % | 4 g

ABENDESSEN | 10-20 MINUTEN

Blumenkohl-Reis-Pfanne asiatisch

Zubereitung

1. Die Röschen vom Blumenkohl trennen und mit einer Reibe oder im Mixer grob raspeln.
2. Den Ingwer und die Zwiebel schälen und fein würfeln.
3. Die Paprika entkernen, waschen und ebenfalls klein schneiden.
4. Das Öl in einer Pfanne erhitzen und den Blumenkohl-Reis mit den Zwiebel- und Ingwerwürfeln sowie Paprikastücken unter Rühren ca. 5 Minuten anbraten.
5. Dann die Sojasoße hinzufügen und nach Geschmack mit Salz, Pfeffer und Curry würzen.
6. Die Eier aufschlagen und unter Rühren bei mittlerer Hitze stocken lassen.
7. Die Reispfanne anrichten und mit dem Koriander garniert servieren.

Zutaten

350 g Blumenkohl
2 Eier
1 Paprika, rot
0,5 Zwiebel
5 g Ingwer
2 TL Sojasoße
2 TL Sesamöl
Koriander, gehackt

Gewürze

Salz
Pfeffer
Curry

Blumenkohl ist nach dem Kochen noch leuchtend weiß...
...wenn etwas Milch in das Kochwasser gegeben wird und anschließend mit Eiswasser abgeschreckt wird.

448 kcal | 27 % | 25 % | 48 % | 16 g

Tipps für Ihre GEWICHTSABNAHME

Je mehr Sie von diesen Erfolgstipps umsetzen, desto sicherer erreichen Sie Ihr Abnehmziel. Sie entscheiden dabei, welche Tipps zu Ihnen passen und welche Sie umsetzen. Denn nur wenn Sie diese Tipps dauerhaft beibehalten, wird sich dauerhaft etwas verändern. Es ist dabei wie mit der Ernährung. Rezepte, die Ihnen nicht schmecken, werden Sie nicht ewig essen.

DIE BESTEN TIPPS FÜR EINE GUTE UND LANG ANHALTENDE MOTIVATION

Sie wissen sicherlich wie man sich gut und gesund ernährt. Dieses Wissen alleine ist jedoch nicht ausreichend für eine Ernährungsumstellung. Abnehmen scheitert eher an der fehlenden Konsequenz im Alltag. Deswegen ist eine starke Motivation ein guter Erfolgsgarant. Erfahren Sie nun was Sie tun können, damit es von Anfang an rund läuft.

Die visuelle Vorstellung was Sie wieder alles tun werden, wenn Sie Ihr Wunschgewicht erreicht haben, ist ein sehr starker Motivationshebel. Hier zwei Beispiele: „Wenn ich wieder in mein schönes Abendkleid passe, möchte ich beschwingt und frei über die Tanzfläche schweben." Oder „Wenn ich meine Sommerfigur erreicht habe, möchte ich leicht und locker am Strand laufen." Wie Ihr Zielgewicht, sollten Sie auch Ihre Vision aufschreiben und ein klares Bild davon haben. Rufen Sie diese Vorstellung regelmäßig ab. Vor allem wenn Sie in Situationen kommen, die Sie von Ihrem Ziel abbringen. Allein die Vorstellung, wie Sie Ihre Vision erreichen, gibt Ihnen Kraft auftretende Schwierigkeiten erfolgreich zu überwinden. Vielleicht haben Sie ein altes Foto zur Hand, auf dem Sie erkennbar schlanker sind? Oder eines, das Sie mit Ihrem aktuellen Gewicht zeigt und das Sie gar nicht mögen? Beides kann Sie motivieren, an Ihrem Vorhaben festzuhalten.

Wenn eine bessere Gesundheit und eine bessere Figur als Anreiz zum Abnehmen nicht ausreichen, dann überlegen Sie sich Belohnungen, die Sie wirklich anspornen. Warten Sie vor allem nicht mit der Belohnung bis Sie Ihr Abnehmziel erreicht haben. Belohnen Sie sich schon, wenn Sie an den ersten Etappenzielen angekommen sind. So können Sie sich z. B. einen Geldbetrag überlegen, den Sie für jedes erreichte Etappenziel für Shoppen,

Wellnessmassagen oder andere schöne Dinge ausgeben. Ein tägliches Eigenlob für die kleinen Erfolge zeigt ebenfalls gute Wirkung. Wenn Sie kleinere Tagesziele geschafft haben, klopfen Sie sich dafür auf die Schulter.

Je mehr Positives Sie während Ihrer Gewichtsabnahme erleben, desto eher bleiben Sie am Ball. Spüren Sie daher diese positiven Erlebnisse auf und machen sich diese bewusst. Wie z. B. das vitale Gefühl, dass Sie nach einer leichten und gesunden Mahlzeit haben. Im Gegensatz zu dem Trägheitsgefühl nach einer üppigen Fast-Food-Mahlzeit. Halten Sie sich diese positiven Erlebnisse stets vor Augen und programmieren so Ihr Unterbewusstsein um. Automatisch fällt dann in Zukunft öfter die Entscheidung für die gesündere und leichtere Variante.

Überforderung ist der Motivationskiller Nummer 1 und eine der häufigsten Ursachen für das Scheitern neuer Vorhaben. Vor allem unrealistische Erwartungen setzten Sie stark unter Stress. Damit werden Sie mehr Niederlagen als Erfolgserlebnisse sammeln. Dann ist es nur noch eine Frage der Zeit, wann Sie das Handtuch werfen.

Auch sehr strenge Ziele wie „ab morgen esse ich keine Süßigkeiten und Fast Food und trinke keinen Alkohol mehr", sind unrealistisch und eine Aufgabe ist vorprogrammiert. Ebenso ist das tägliche Wiegen ein häufiger Motivationskiller. Wiegen Sie sich am besten nur einmal die Woche, immer am gleichen Tag, zur gleichen Zeit und mit der gleichen Kleidung oder unbekleidet. Tragen Sie das Gewicht in eine Tabelle ein und verfolgen den Verlauf über Wochen. Ansonsten machen Sie sich nur verrückt. Nutzen Sie dazu einfach unseren Gewichtscoach, indem Sie sich ein kostenloses Konto auf www.invikoo.de erstellen.

Viele Menschen scheitern, weil Sie zu wenig Unterstützung bekommen. Leichter wird es, wenn Sie sich Abnehmpartner suchen. Zu zweit oder in der Gruppe motivieren Sie sich gegenseitig und halten länger durch.

Auch Freunde und Bekannte können Sie in Ihr Projekt einbeziehen. Je mehr Menschen Sie einbinden, desto mehr Zeugen und Verbündete haben Sie. Reagieren Sie dann aber nicht genervt, wenn diese Ihre Pflicht tun und Sie an Ihre Absichten erinnern.

Machen Sie Ihren Erfolg nicht nur an Ihrem Gewicht fest. Auch wenn die Klamotten nicht mehr so eng sind, die Konturen im Spiegel besser werden, mehr Vitalität in Ihr Leben kommt, sollten Sie sich darüber freuen. Sie werden merken, dass Sie sich gleich wohler fühlen.

MIT POSITIVEM DENKEN ZUM ERFOLG

Freuen Sie sich über jeden kleinen Fortschritt und blenden dabei negative Emotionen aus. Ein schlechtes Gewissen wegen sporadischer Abweichungen quält bloß und lähmt. Nehmen Sie es leicht und gehen dann wieder entspannt und konzentriert an Ihr Projekt. Dick wird man nicht an einem Tag – und schlank auch nicht.

Trainieren Sie Ihr Zentrum für positive Erlebnisse beim Genuss gesunder Mahlzeiten. Speichern Sie diese in Ihrem Unterbewusstsein ab und Ihre Chancen, die neu gewonnenen Gewohnheiten dauerhaft beizubehalten, steigen enorm.

Für eine dauerhaft gute Motivation sollten alle Lebensmittel erlaubt sein. Auch die ungesunden und dick machenden, solange Sie maßvoll damit umgehen. Dann aber bitte ohne schlechtes Gewissen! Halten Sie sich an Ihren Plan und wenn Sie ab und zu Ausnahmen machen, ist das völlig in Ordnung. Es ist für Ihre langfristige Motivation wichtig, dass Sie Ihre Lieblingsspeisen ohne schlechtes Gewissen genießen können. Lernen Sie einen gesunden Umgang damit und verlieren dabei nicht das Maß. Eine Möglichkeit für diese kleinen Auszeiten ist der „Schlemmertag". Gönnen Sie sich einmal in der Woche einen Tag, an dem Sie Ihre Lieblingsspeisen genießen. Das sollte aber nicht in Völlerei ausarten.

HABEN SIE SPAß BEIM ABNEHMEN

In vielen Köpfen herrscht noch immer der Glaubenssatz, dass Abnehmen eine Quälerei ist. Dadurch wird das Abnehmen negativ belegt und viele Menschen bekommen regelrecht Angst davor. Genuss und Abnehmen ist aber kein Widerspruch. Es funktioniert. Mit diesem Buch werden Sie es erleben.

Die besten

VERHALTENS-TIPPS

Regelmäßiges Tappen in Essfallen und unbewusstes oder falsches Essen bringen schnell zusätzliche Pfunde auf die Waage. Spüren Sie daher Ihre persönlichen Problemsituationen auf und eliminieren Sie diese aus Ihrem Leben.

GEHEN SIE CLEVER EINKAUFEN

Achten Sie darauf nicht hungrig einkaufen zu gehen. Dabei landet automatisch viel mehr in Ihrem Einkaufskorb. Nämlich alles, worauf Sie gerade Appetit haben. Notlösungen vor dem Einkaufen sind etwas Rohkost wie eine Möhre oder ein Apfel. Auch ein Glas Mineralwasser hemmt den Appetit.

LERNEN SIE IHR ESSEN WIEDER ZU GENIEẞEN

Es sind nicht die seltenen Ausnahmen, die sich negativ auf Ihr Gewicht und Ihre Gesundheit auswirken, sondern regelmäßige Ausschweifungen. Genießen Sie bewusst. Ein Stück Schokolade kann für eine Minute oder länger im Mund bleiben und schmeckt dabei zunehmend intensiver. Es entfaltet sich erst nach einiger Zeit ihr volles Aroma.

Stellen Sie den Genuss in den Vordergrund und lassen den Fernseher dabei aus. Legen Sie auch Ihr Mobiltelefon, Tablet oder die Zeitung in dieser Zeit weg. Konzentrieren Sie sich voll und ganz auf Ihre Mahlzeit. Oft reichen dann schon kleine Mengen, um den Genuss zu befriedigen.

Haben Sie Geduld mit den neuen Gewohnheiten. Schaffen Sie sich Erinnerungshilfen, die Ihre Aufmerksamkeit immer wieder auf Ihr neues Vorhaben lenken. Wenn Sie z. B. mehr Wasser trinken wollen, dann platzieren Sie ein Glas Wasser immer in Sichtweite, nehmen immer eine kleine Wasserflasche für unterwegs mit, kleben Post-it Zettel mit Erinnerungen an markante Orte, stellen stündlich einen Wecker im Mobiltelefon oder laden sich eine entsprechende App herunter.

VERBANNEN SIE SÜẞIGKEITEN, CHIPS, KNABBEREIN & CO

Am besten haben Sie diese Dinge gar nicht erst im Haus. Dann kommen Sie auch nicht in Versuchung. Denn mal ganz ehrlich: Wer isst schon eine Handvoll Chips oder eine Praline und stellt die volle Packung zurück in den Vorratsschrank? Daher sollten Sie Ihre Selbstdisziplin nicht zu sehr strapazieren und sich gar nicht erst in Versuchung bringen. Haben Sie Ihren Gelüsten erst einmal nachgegeben, tritt zusätzlich noch der „Jetzt-ist-es-doch-sowieso-schon-egal-Effekt" ein. Der lässt Sie noch beherzter zuzugreifen. Lagern Sie daher zu Hause am besten gar keine Naschereien.

RÜCKFÄLLE, DAS RICHTIGE UMFELD & ESSVERHALTEN

Gerade am Anfang ist die Gefahr in alte Verhaltensmuster zurückzufallen groß. Bereiten Sie sich deshalb auf Situationen vor, die sich Ihrem Vorhaben entgegenstellen: Geburtstagsfeiern, Feiertage, Geschäftsreisen, Urlaube etc. Legen Sie sich einen Plan zurecht, wie Sie trotzdem an Ihrem Vorhaben fest halten. Verzweifeln Sie auf gar keinen Fall bei Rückfällen, sondern halten das einmal gefasste Ziel im Auge. Es funktioniert nicht von heute auf morgen, sondern erfordert regelmäßige Übung.

Buchen Sie keine All-inclusive-Urlaube und meiden Restaurants mit All-You-Can-Eat Angeboten. Einzige Ausnahme ist die Salatbar. Essen Sie in der Kantine Ihren Salat nicht neben den Personen, die sich gleich zwei Menüs bestellen. Denn in der Umstellungsphase ist es hinderlich, wenn Sie sich beim Essen in Gesellschaft von Personen befinden, die gerne viel und ungesund essen.

Mal ehrlich: Essen Sie in Ruhe und ganz bewusst – oder schlingen Sie alles schnell und nebenbei herunter? Wer schlingt, hat schlechte Chancen auf ein Sättigungsgefühl. Denn dieses setzt erst nach 15 bis 20 Minuten ein.

Schaffen Sie sich bei jeder Mahlzeit ein ruhiges Umfeld und decken den Tisch schön ein. Widmen Sie sich Ihren Mahlzeiten voll und ganz und lassen sich nicht ablenken. Kauen Sie intensiv und konzentrieren sich dabei auf den Geschmack Ihrer Mahlzeit. Das fördert den Genuss und das Bewusstsein für Ihre Speisen.

TRICKSEN SIE IHREN APPETIT AUS

Achten Sie zukünftig darauf, möglichst selten der Verführung durch Auge und Nase zu erliegen. Das gilt für den Einkaufsbummel vorbei an Würstchen-, Hähnchen-, Döner, Pizza oder Frittenbuden und dem Bäcker. Aber nicht nur gute Gerüche wirken appetitanregend. Auch das Auge isst mit. Ist Ihnen nicht auch schon einmal nach einem appetitanregenden Werbespot das Wasser im Munde zusammen gelaufen? Versuchen Sie solche Situationen gerade in der Anfangsphase zu meiden.

DER STOPP-BEFEHL

Das Stopp-Schild ist das eindeutigste Verkehrszeichen der Welt. Wenn sich Ihnen zukünftig Hindernisse in den Weg stellen, dann sagen Sie deutlich zu sich: „Stopp – Ich falle wieder in meine alten Verhaltensmuster!“ Rufen Sie sich anschließend Ihre Vision ins Gedächtnis und bleiben bei Ihrem Vorhaben.

„CHEN“ UND „LEIN“ MACHEN ALLE DINGE KLEIN

Diese Verniedlichungen reduzieren Ihre Schuldgefühle und Ihr schlechtes Gewissen. Lassen Sie solche Verniedlichung grundsätzlich weg. Schließlich wissen wir alle, dass zu viel Torte dick macht. Aber ein kleines Stückchen oder ein Törtchen kann doch kaum etwas ausmachen, oder?

WENIGER TV-ABENDE

Nichts gegen einen gemütlichen Fernsehabend, solange er die Ausnahme als die Regel ist. Denn häufiges Fernsehgucken hat „Dickmacherpotenzial“. Bis zu 300 Kalorien mehr nahmen Probanden der Universität Massachusetts zu sich, wenn sie Ihr Essen vor dem Fernseher vertilgten. Wer statt einer Stunde vorm TV zusätzlich einen Spaziergang macht, verbrennt dagegen viele weitere Kalorien.

Tipps gegen
HEIẞHUNGER

Um Heißhunger zu vermeiden, ist es hilfreich zu verstehen, wie dieser entsteht? Heißhunger kann körperliche und psychische Ursachen haben. Bestimmte Lebensmittel oder Inhaltsstoffe bzw. fehlende Nährstoffe können genauso Heißhunger auslösen, wie die Produktion bestimmter Hormone oder gleichbleibende Gewohnheiten. Spüren Sie Ihre persönlichen Schwachstellen auf und leiten konkrete Gegenmaßnahmen ein.

MEHR BALLASTSTOFFE, VOLUMEN & VITALSTOFFE

Manche Fast-Food-Produkte werden bewusst ohne Ballaststoffe entwickelt, damit sie ein möglichst geringes Sättigungsgefühl auslösen. Das erhöht den Umsatz der Fast-Food-Restaurants. Ballaststoffe haben dagegen wenig Kalorien, viele gesundheitsfördernde Funktionen und wirken unheimlich sättigend. Gerade in Verbindung mit Wasser quellen sie im Darm richtig auf und machen lange satt. Hinzu kommt die intensive Kauarbeit. Je länger Sie kauen, desto schneller sind Sie satt. Daher finden Sie viele ballaststoffreiche Rezepte in diesem Buch. Damit sichern Sie Ihre tägliche Ballaststoffzufuhr und sorgen für eine gute und schlank machende Darmflora.

Im Magen sitzen Dehnungsrezeptoren, die ab einer gewissen Nahrungsmenge Sättigungssignale produzieren. Daher haben wir in Ihren Ernährungsplan viele Lebensmittel mit einer niedrigen Energiedichte eingebaut. Diese füllen Ihren Magen und liefern Ihnen jede Menge Vitalstoffe, die zur Sättigung beitragen. Heißhunger kann z. B. entstehen, wenn Ihrem Körper ein bestimmter oder mehrere Vitalstoffe fehlen.

WENIGER ZUCKER, WEISMEHLPRODUKTE & STRESS

Nach dem Verzehr von Weißmehlprodukten und Zucker fällt Ihr Blutzuckerspiegel nach steilem Anstieg schnell wieder ab. Süß- und Heißhunger ist die Folge. Tauschen Sie daher diese Kohlenhydrate gegen Vollkornprodukte aus und reduzieren den Zucker. Achtung: Vor allem in vielen Fertigprodukten stecken wahre Zuckerbomben. Achten Sie auf die Inhaltsangaben. Hier ein paar Beispiele, hinter welchen Begriffen sich der Zucker versteckt: Dextrin, Stärke-Sirup, Süßmolkenpulver, Oligofruktose, Laktose, Dextrose, Saccharin, uvm.

Ebenso können Stresssituationen Süß- und Heißhungerattacken auslösen. Hinzu kommt, dass Sie sich abends nach einem besonders stressigen Tag belohnen möchten. Oft mit Süßigkeiten oder Knabbereien. Unser Gehirn produziert unmittelbar nach dem Verzehr von Zucker Dopamin. Dieses Hormon macht glücklich, zufrieden und satt. Zumindest kurzfristig. Langfristig droht die Gefahr einer Gewöhnung und man braucht immer mehr Süßes, um den gleichen Effekt auszulösen. Schwitzen Sie daher den Stress lieber aus. Denn Sport und ausdauernde Bewegung ist das beste Mittel gegen Stress. Auch aktive Entspannungsübungen wie Yoga, Meditation und andere Methoden helfen.

PFEFFERMINZE, AKUPRESSUR & ALTE GEWOHNHEITEN

Hatten Sie abends schon einmal Süßhunger, der nach dem Zähne putzen verschwunden ist? Der Pfefferminzgeschmack unterdrückt nämlich den Appetit auf süß. Also einfach zwischendurch einen Minztee trinken, auf Minzblättern oder einem zuckerfreien Pfefferminzkaugummi kauen, oder abends kurz nach dem Essen schon die Zähne putzen. Ein Akupressurpunkt hilft Ihnen ebenfalls beim Heißhunger. Drücken Sie mit dem Zeigefinger die Vertiefung zwischen Nase und Oberlippe fünfzehn Sekunden lang und atmen dabei tief durch. Dieser Punkt meldet dem Gehirn Sättigung.

Mancher Heißhunger entsteht aus reiner Gewohnheit. Haben Sie es sich zum Beispiel zur Gewohnheit gemach jeden Abend Schokolade zu essen, dann meldet sich die Schokolust automatisch und ein Verzicht fällt schwer. Gelingt es Ihnen sich für einige Zeit mit anderen Dingen abzulenken oder eine gute Alternative zu finden, dann schwindet der Appetit auf Schokolade nach einigen Tagen. Schaffen Sie neue Gewohnheiten. Knabbern Sie z. B. etwas Gesundes. Es ist erstaunlich, wie schnell sich Ihr Körper und Geist auf die neue Situation einstellen. Studien haben gezeigt, dass der Mensch in nur 30 Tagen eine Gewohnheit ändern kann.

Tipps für einen aktiveren

STOFFWECHSEL

Wir haben Ihnen empfohlen täglich nur 500 Kalorien einzusparen, da sonst der Jo-Jo-Effekt droht. Mit dieser Einsparung nehmen Sie pro Woche ein Pfund ab. Wenn Sie mehr wollen, dann verbrauche Sie einfach 500 Kalorien pro Tag zusätzlich. Dann kommen Sie auf ein Kilogramm Gewichtsverlust pro Woche. Und das ohne zu Hungern oder noch weniger zu essen. Haben Sie Lust darauf? Auch hier gilt. Je mehr Tipps Sie umsetzen, desto schneller werden Sie Ihre Ziele erreichen.

MEHR BEWEGUNG & MUSKELTRAINING

Regelmäßige Bewegung unterstützt das Abnehmen besonders gut. Sie regt den Stoffwechsel an und hält Sie länger gesund. Wenigstens zwei- bis dreimal die Woche sollten Sie sich 30 Minuten ausdauernd bewegen. Es muss kein Hochleistungssport sein – Radfahren, Schwimmen, Walken oder Joggen sind gut geeignet, um Kalorien zu verbrennen.

Mit Muskeltraining verbrennen Sie nicht nur mehr Kalorien, sondern kurbeln Ihren Stoffwechsel dauerhaft an. Denn pro kg Muskulatur verbrennen Sie bis zu 50 kcal pro Tag. Bauen Sie z. B. durch regelmäßiges Muskeltraining 4 kg Muskeln auf, dann verbrennen Sie dadurch bis zu 200 kcal täglich mehr. Das auch an sportfreien Tagen. Außerdem schützten Muskeln Ihre Gelenke und formen Ihre Figur. Also, worauf warten Sie noch?

NICHT HUNGERN & AUF DIE EIWEIßZUFUHR ACHTEN

Hungern Sie zu lange, suggerieren Sie Ihrem Körper schlechte Zeiten. Ihr Körper schützt sich davor und schaltet auf Sparflamme: Ihr Stoffwechsel wird gedrosselt und Ihr Energieverbrauch sinkt. Diese Anti-Abnehm-Strategie ist eine schlechte Voraussetzung für Ihren Erfolg. Steigt nämlich nach der Diät die Kalorienzufuhr wieder, nehmen Sie umso schneller wieder zu. Am Ende bringt man oft sogar mehr auf die Waage als vor der Diät. Sie landen dann in der Jo-Jo-Falle. Hungern Sie daher nicht zu lange und essen sich mit den richtigen Lebensmitteln satt. Und seien wir mal ehrlich: Wer hat schon einmal für längere

Zeit eine strenge Diät durchgehalten bei der kontinuierlich der Magen knurrte und man einfach immer Hunger hatte?

Mit ausreichend Eiweiß schützen Sie sich vor dem so gefürchteten Muskelabbau. Denn dieser ist zum größten Teil für den Jo-Jo-Effekt verantwortlich. Für die Verarbeitung von Eiweiß benötigen Sie ein Vielfaches an Stoffwechselenergie. Erhöhen Sie z. B. Ihr Eiweißgehalt in der Nahrung von 15 % auf 30 %, dann verbraucht Ihr Stoffwechsel täglich bis zu 200 Kalorien mehr. Und das ohne zu Schwitzen und ohne Bedenken. Denn wenn Sie zwei gesunde Nieren haben und ausreichend trinken, sind 30 % Eiweiß in der Nahrung gesundheitlich völlig unbedenklich. Das bestätigt auch die Deutsche Gesellschaft für Ernährung.

NATÜRLICHE LEBENSMITTEL, SCHÄRFE & ZIMMERTEMPERATUR

Machen Sie einen großen Bogen um hochverarbeitete Lebensmittel aus dem Supermarkt. Häufig enthalten sie viel Zucker, Aromen, Geschmacksverstärker und andere Zusatzstoffe. Diese verstärken Ihren Appetit und animieren Sie mehr davon zu essen. Greifen Sie anstelle dessen zu möglichst vielen natürlichen und unverarbeiteten Lebensmitteln. Diese haben deutlich mehr Ballaststoffe, sättigen besser und liefern wesentlich mehr Vitalstoffe.

Chili, Ingwer, Peperoni und andere scharfe Lebensmittel heizen Ihren Stoffwechsel zusätzlich an. Sie lösen einen thermischen Effekt aus, der zusätzlich Energie verbraucht. Sicherlich haben Sie es selber schon einmal erlebt, dass Ihnen nach scharfem Essen warm wurde oder Sie Angefangen haben zu schwitzen.

Seit den 70er-Jahren hat sich die Temperatur in unseren Wohn- und Schlafräumen von 18 auf 21 °C erhöht. Diese 3 Grad Differenz wiegen schwer: Wärme setzt unseren körpereigenen „Heizofen" außer Gefecht. Dieser wird aber durch braunes Fett befeuert und lässt es dahinschmelzen. Forscher raten daher zu einer Raumtemperatur von nur 16 °C. Das soll 200 Extrakalorien am Tag verbrennen. Abgesehen von der Ersparnis stellt sich die Frage, ob Sie es wirklich so warm brauchen oder das Aufdrehen der Heizung bloß unbedachte Gewohnheit ist?

RIESENGRATULATION!

Sie haben Ihr Ernährungsprogramm durchgezogen und wiegen heute deutlich weniger. Gehen Sie aber nicht davon aus, dass nun alles so für immer bleibt. Sie haben zwar mit den ersten 4 Wochen den entscheidenden Grundstein gelegt, aber jetzt heißt es, die neuen Rezepte die Ihnen geschmeckt haben, konsequent in Ihren Alltag zu integrieren.

Wenn Sie am Ball bleiben wollen, empfehlen wir Ihnen das kostenlose Konto von invikoo. Hier können Sie Ihre Lieblingsrezepte sammeln, haben Zugriff auf viele weitere Rezepte und können sich sogar Ihre eigenen Ernährungspläne erstellen. Dazu müssen Sie sich lediglich auf www.invikoo.de registrieren. Schauen Sie rein, es lohnt sich garantiert.

Neben der erfolgreichen Gewichtsabnahme, haben Sie sicherlich noch weiteres Positives erlebt. Halten Sie sich das bitte deutlich vor Augen. Fühlen Sie sich vielleicht aktiver, konzentrierter und waren nachmittags nicht mehr so müde? Haben Sie besser geschlafen und bessere Laune gehabt? Haben sich Ihre Gesundheits- und Blutwerte verbessert? Dies und noch vieles mehr, erreichen Sie nämlich mit einer vitalstoffreicheren Ernährung von invikoo. Horchen Sie in sich hinein und erkennen auch diese Dinge als Erfolg an. Nicht zu vergessen, dass Sie mit einer vitaleren Ernährung länger jung bleiben und Sie einen besseren Schutz vor vielen Zivilisationserkrankungen, wie Herz-Kreislauf-Erkrankungen, Diabetes und Krebs haben. All das sind positive Auswirkungen für die es sich lohnt weiterzumachen.

Testen Sie unsere
PREMIUM
MITGLIEDSCHAFT
14 TAGE
GRATIS TESTEN

WEITERE REZEPT-IDEEN

ISBN **978-3-9489-3800-0** 19,90€ (D) / 20,45€ (AT)

ISBN **978-3-9489-3805-5** 19,90€ (D) / 20,45€ (AT)

ISBN 978-3-9489-3801-7 19,90€ (D) / 20,45€ (AT)
30 TAGE DIÄTPLAN
VEGETARISCH
STLICHE REZEPTE + 3 VITALFASTENTAGE
PLUS:
90 EXTRA DIÄTREZEPTE
10 BAUCHWEG PLÄNE
DIE 30-TÄGIGE
VEGANE DIÄT
90 KÖSTLICHE REZEPTE + 3 VITALFASTENTAGE
invikoo
PLUS:
90 EXTRA DIÄTREZEPTE
10 BAUCHWEG PLÄNE
ISBN 978-3-9489-3802-4 19,90€ (D) / 20,45€ (AT)

IMPRESSUM

Copyright:
invikoo Verlag, Peter Kmiecik | Sinziger Straße 31 | 53424 Remagen | www.invikoo.de | info@invikoo.de

Umschlaggestaltung: Adrian Kohi

Layout innen: Adrian Kohi und Marie Stemberger

Bildnachweis:
Alle Bilder via fotolia, shutterstock und stockadobe.

Gedruckt in der EU
ISBN: 978-3-948938-03-1

invikoo
Mein Ernährungsplan